이재명
사람들

대한민국을 재설계하는 신주류

이재명 사람들

한국경제신문 정치부 지음

한국경제신문

한국 정치사에서
가장 뜨겁고 논쟁적인 이름 '이재명'.

변방에서 중심으로,
비주류에서 주류로,
아웃사이더에서 핵심으로….

"오직 국민만을 위해 일할 사람,
검증된 능력을 갖춘 사람을 선택해야 합니다."

"정치는 소수의 것이 아니라, 모두가 참여하는 것입니다."

"우리는 오른쪽이 아니라 옳은 쪽은 가야 합니다."

"정치인을 찬양하지 마세요.
정치인은 높은 곳에서 지배하는 존재가 아닙니다."

"빛과 그림자가 있습니다.
하지만 빛의 크기가 그늘을 덮지는 못할 것입니다."

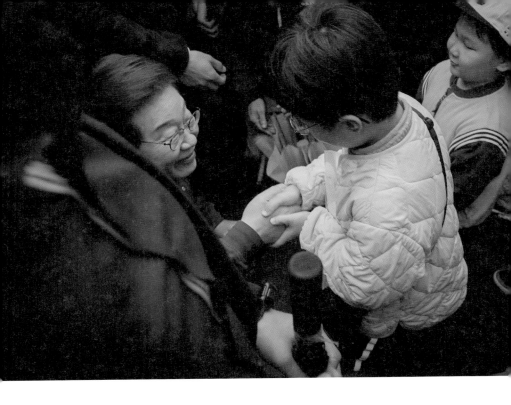

"백성은 가난보다 불공정에 분노합니다."

"저는 정치를 왜 하는가를 언제나 고민합니다.
정치는 우리 국민들의
더 나은 삶을 만들기 위해서 하는 것이어야 합니다."

"누가 주장했든,
필요한 일은 함께하면 되는 것이죠.
정책에는 저작권이 없습니다.
좋은 정책은 다 같이하면 되는 것이죠."

"국민의 위대한 승리입니다."

가장 논쟁적인 정치인을 읽는 '거울'

사람은 거울이다. 정치인을 이해하는 가장 좋은 방법 중 하나는 그 사람의 주변 인물들을 살펴보는 것이다. 그가 누구의 말을 듣고, 누구의 손을 잡았으며, 누구와 걷고 있는가를 따라가다 보면 그가 어떤 인물인지 자연스럽게 드러난다.

이재명은 한국 정치사에서 가장 뜨겁고, 가장 논쟁적인 이름 중 하나다. 스스로를 '흙수저'라 부르며 기득권의 언어와 거리를 뒀고, 동시에 '실용주의 행정가'로서 기성 정치의 틀을 뛰어넘으려 했다. 극적인 인생만큼이나 그의 곁을 지켜온 인물들도 각양각색이다. 오랜 동지부터 뜻을 달리해 떠난 이들, 때로는 충돌했지만 다시 손을 맞잡은 이들까지.

이 책은 이재명이라는 한 정치인의 궤적을 인물의 지도로 읽어보려는 시도다. 정무라인, 정책참모, 언론인, 국회의원, 시민운동가, 공직자 등 다양한 영역의 인물들을 통해, 이재명을 둘러싼 정치의 지형과 그 안에서 벌어진 갈등, 연대, 전환의 이야기들을 담았다.

이 인물들은 단지 '이재명의 사람들'이라는 이름 아래 묶이기엔 너무도 복합적이고 독립적인 이력과 가치관을 지녔다. 누군가는 이재명의 신념을 공유했고, 누군가는 '지금은 이재명이 필요하다'며 그를 지원했고, 또 누군가는 민주당 집권을 위해 이재명을 도왔다. 이 책은 단순한 측근 인명록이 아니다. 한 정치인을 중심으로 시대와 사회가 어떤 얼굴을 하고 있었는지를, 사람들을 통해 되짚는 기록이다.

이재명의 대통령 당선은 비주류의 반란이자, 복지·공정·권력 분산을 핵심 가치로 내세우는 정치 실험이 본격적으로 펼쳐지는 순간이라 할 수 있다. 이재명은 더불어민주당 내에서도 전통적인 엘리트 정치인 경로를 거치지 않은 인물이다. 관료 출신도, 보좌관 출신도 아니다. 소년공 출신의 인권 변호사이자, 성남시장과 경기지사를 거치며 정치적 기반을 다졌다. 이런 그의 당선은 기득권 타파를 내거는 진보 진영 내에서도 '비주류의 주류화', '생활 밀착형 정치인'의 등장이라는 구조적 변화를 상징한다.

이재명은 가난한 집안에서 태어나 공장 노동자 생활을 하며 검정고시를 통해 대학에 진학하고, 사법시험에 합격한 인물이다. 그의 승리는 '계층 이동이 사라진 한국 사회'라는 비판적 담론 속에서, 여전히 그 가능성이 존재한다는 메시지를 줄 수 있다.

이재명은 여러 차례 검찰 수사와 법적 공방을 겪었고, 정치적 공격과 기소에도 불구하고 살아남았다. 의회권력이 방탄을 위해 검사와 판사를 탄핵 등으로 동시 공격하는 초유의 사태에도 국민들이 이 후보를 선택했다는 점에서 향후 개헌 등의 과정에서 권력구조 개편과 사법부 독립이라는 과제를 남겼다.

이재명은 이번 대선 과정에서 그의 트레이드마크인 '기본 시리즈'를 내걸지 않았다. 그 대신 '실용주의'를 전면에 부각시켰다. 그의 태세 전환이 진심인지, 아니면 당선을 위한 수단이었을 뿐인지는 여전히 미지수다. 그가 다시 기본 시리즈를 추진한다면 그 결론은 어떻게 날 것인지도 관심을 갖고 지켜봐야 할 것이다.

이재명은 강한 팬덤과 동시에 강한 반대층을 가지고 있는 인물이다. 그의 당선은 대한민국 정치가 보다 극단화되는 기점이 될 수도 있고, 반대로 정치적 타협과 제도적 균형을 통해 새로운 국정운영 모델을 만들 기회가 될 수도 있다.

이 책은 짧은 21대 대선 기간 중 집필해 대선일인 6월 3일에 마무리했다. 초대 내각과 대통령실 인선이 이뤄지기 전에 쓴 책이어서 미흡한 부분이 있을 것이다. 이 책에 소개된 인물들이 향후 5년 동안 이재명 시대를 이끌어갈 인재의 전부라고 하기에도 한계가 있다. 한국경제신문 정치부 기자들이 갖고 있는 역량을 최대한 기울였지만 부족함이 있을 수밖에 없다. 독자 여러분의 너른 양해를 구한다.

한국경제신문 정치부 이상열 부장을 비롯해 도병욱, 강현우, 정소람, 한재영, 강진규, 최형창, 김형규, 이슬기, 배성수, 하지은, 양현주, 박주연, 이광식, 안시욱, 원종환, 최해련, 정상원 등 정치부 기자 및 대선 TF 기자들이 2025년 5월 대선 과정에서 휴일을 반납하고 취재한 노력의 산물이다. 작업을 독려해준 한경BP 관계자들에게 고마움을 표한다.

이심기 한국경제신문 편집국장

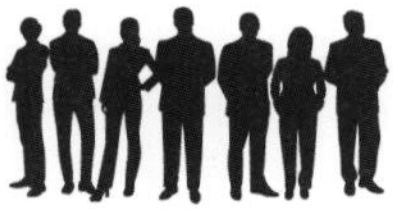

목 차

1부

—

이재명,
그는 누구인가

1장

이재명 대통령이
걸어온 길

이재명 사람들

소년공이 쏘아올린 작은 공

변방에서 중심으로, 비주류에서 주류로, 아웃사이더에서 핵심으로….

이재명 대통령의 삶은 어려운 환경을 극복하고 한 걸음씩 한국 사회 중심으로 다가간 치열한 '인정투쟁'의 기록으로 요약할 수 있다. 지난 2022년 대선에서 더불어민주당 대선후보로 확정된 뒤 마련한 첫 방송 연설도 "소년공이 쏘아 올린 작은 희망, 국민을 위한 큰 희망으로 만들겠습니다"라는 말로 시작했다.

이처럼 가족의 생계를 책임지기 위해 소년공이 되어야 했던 힘들고 힘없던 시절의 기억과 피눈물로 쓴 극복담이 오늘날

이 대통령을 규정하는 핵심 정체성이다. 2022년 출간한 자서전《함께 가는 길은 외롭지 않습니다》에서도 "나는 겁이 없다. 날 때부터 강심장이어서가 아니라 인생의 밑바닥에서 기어 올라왔기 때문"이라고 단언할 정도다. 그리고 그 과정에서 몸에 밴 억척스러움과 배타성, 세련되지 못한 매너와 거친 화술 등은 순탄하지 못한 가족사와 얽혀 정치적 반대 세력에 의해 '불안하다'거나 '냉혹한 사기꾼', '비열한 괴물' 등으로 비난받는 빌미가 되기도 했다.

이 대통령은 처음 대선에 도전한 2017년 이후 정치적 부침을 거듭했지만, 매번 '잡초' 같은 생명력으로 위기를 넘겨왔다. 사회의 부조리를 맞이하면 좌고우면하지 않고 가장 직설적인 언어로 그것이 부당하다고 외쳤다. 그러면서 다른 정치인이었다면 진작에 정치 인생을 그만뒀을 법한 위기를 벗어나며 '반전의 정치'를 이어왔다. 그 근원에는 어려운 삶을 혼자 힘으로 극복해온 야성과 근성이 자리 잡고 있었다.

소년공의 꿈

삶의 환경은 척박했다. 스스로 "출신이 비천하다"(2021년 12월 4일)고 말할 정도로 어려운 환경에서 자랐다. 경상북도 안동시 예안면 도촌리 '지통마을'로 불리던 화전민들이 모여 사는 곳

이재명 대통령이 성남 지하 셋방에서 처음으로 지상으로 옮기면서 모친과 함께 식구들이 모여 식사하는 모습. (이재명 캠프 제공)

에서 태어났다. 7남매 중 다섯째. 가난 탓에 출생신고를 미룬 그의 어머니는 이 대통령의 학교 등록을 위해 점쟁이에게 받은 길일(음력 12월 22일)을 생일로 신고했다.

이 대통령의 고향집은 지금도 버스가 안 다닐 만큼 오지다. 그곳에서 그는 매일 5㎞ 길을 두 시간 반씩 꼬박 걸어서 학교에 다녔다고 한다. 결석이 잦았다. 비나 눈이 오면 그 먼 길을 가기 힘들었다. 그의 초등학교 1학년 기록에 의하면 76일을 결석했다. 그러면서도 항상 '밝음'을 잃지 않았다. 그의 초등학교 생활기록부에는 '친구들과 잘 놀고 활발하고 씩씩한 아이'라는 담임 선생님의 평이 담겨 있다.

하지만 가난을 면하는 것은 쉬운 일이 아니었다. 아버지는 초등학교 3학년 때 '돈을 벌기 위해' 홀로 고향을 떠났다. 이 대통령이 초등학교를 졸업했을 무렵인 1976년 온 가족이 성남으로 이사했다. 원해서 삶의 터전이 바뀐 것은 아니었다. 이 대통령은 당시 일기에 "이사 오던 날, 비는 한없이 주룩주룩 내리고 눈이 아파서 눈을 가리고 있었다"고 당시 심경을 남겼다. 일부 고향 사람들은 "(이 대통령 아버지가) 마을 사람들에게 떠넘긴 빚을 감당하지 못해 야반도주했다"고 쑥덕였다.

삶은 여전히 고달팠고 탈출구는 보이지 않았다. 아버지는 쓰레기 고물을 주웠고 어머니는 상대원 시장 화장실을 지키며 요금을 받아 생계를 꾸렸다. 성남시 상대원동 달동네 꼭대기 작은 월세 단칸방에서 살던 그는 생계를 위해 중학교 진학 대신 공장에 갔다. 나이가 어려 법적으로는 취업할 수 없었지만, 취업이 가능한 동네 형 이름을 빌려 위장 취업을 했다. 이후 6년을 '이름 없는' 소년공으로 살았다. 이 대통령은 "처음엔 목걸이 공장에 다녔는데 끓어오르는 납 증기를 들이마시면서 매일 12시간씩 납땜 일을 했다"고 회상했다. '월급을 더 준다'는 곳이 있어서 옮긴 목걸이 공장 사장은 석 달 치 월급을 체납한 채 말도 없이 사라졌다.

어린 시절 공장을 전전한 경험은 온몸에 지워지지 않는 상처도 남겼다. 열여섯 살 때 야구 글러브와 스키 장갑을 만드는

이재명 대통령이 1978년 당시 야구 글로브 공장 '대양실업' 소년공으로 일하던 시절 모습. 이 대통령은 그해 4월 말 고입 검정고시학원에 등록해 8월에 합격했다. (이재명 캠프 제공)

공장에서 일한 이 대통령은 손재주를 인정받아 프레스 기능공이 됐다. 가죽을 자르는 작업을 하던 중 프레스 기계에 왼쪽 팔이 물리는 사고를 당했다. 부러진 뼈가 잘못 붙으면서 왼팔이 굽어 6급 장애인 판정을 받았고 병역을 면제받았다. 무엇보다 제대로 치료를 못 받고, 보상도 못 받았을 뿐 아니라 사고의 책임을 물어 고참들은 오히려 그에게 폭행까지 가했다.

절망의 순간 소년 이재명은 한 줄기 빛을 봤다. 어느 날 이 대통령을 괴롭히던 공장 관리자가 '고졸'이라는 사실을 발견한 것이다. 검정고시로 자신도 고졸이 될 수도 있음을 알고는 공부를 해야겠다고 마음먹었다. 교복 입은 학생을 부러워하던 이 대통령은 공장에서 퇴근하면 곧바로 학원으로 달려갔고,

밤잠을 줄여가며 공부했다. 그 결과, 1978년 고입 검정고시, 1980년 대입 검정고시에 차례로 합격했다. 이 대통령은 "졸음을 이기기 위해 책상에 압정을 뿌려놓고 공부했다"고 되돌아봤다.

소외된 자 보듬다 정계에 발을 들이다

꿈에 그리던 대학생이 됐다. 1982년 중앙대 법대에 학비 면제와 생활비까지 받으며 다니게 됐다. 하지만 대학생이 된 기쁨도 잠시였다. 1980년 5월 광주 민주항쟁의 진실을 알리는 비

이재명 대통령이 1982년 중앙대 입학식에 교복을 사 입고 간 모습. 난생처음 맞춰 입은 교복을 어색해하는 아들 옆에서 눈물을 흘리시던 어머니와 함께 포즈를 취하고 있다. (이재명 캠프 제공)

1982년 5월 교내 체육대회에서. 왼쪽에서 세 번째가 이재명 대통령. (중앙대 법대 동창 정훈 씨 제공)

1985년 9월 비오는 날에 친구들과 함께 촬영한 사진. 왼쪽에서 두 번째가 이재명 대통령. (중앙대 법대 동창 정훈 씨 제공)

1986년 중앙대 졸업 앨범에 게재된 이재명 대통령의 사진. (중앙대 법대 동창 추왕훈 씨 제공)

1986년 2월 중앙대 졸업식에서 친구들과 함께 촬영한 기념사진. 오른쪽이 이재명 대통령. (중앙대 법대 동창 권규대 씨 제공)

디오를 본 것을 계기로 사법시험에 도전했다. 1986년 사법고시(28회)에 합격하고 1989년 사법연수원(18기)을 수료했다.

연수원 시절 스터디모임인 '노동법학회'에서 활동하며 근로자를 대변하는 인권변호사가 되겠다는 꿈을 가졌다. 연수원 시절 당시 변호사였던 노무현 전 대통령 강의에 감명받아 변호사의 길을 택했다고 한다. 이 대통령은 "성적이 좋아 판·검사를 택할 수도 있었지만 성남에서 변호사 사무실을 개업했다"고 회상했다.

이 대통령은 1989년 성남에서 변호사 사무실을 열었다. 급격한 산업화와 도시화로 성남에 급증했던 도시빈민, 열악한 처지의 공단 근로자들의 어려움을 외면할 수 없었던 것이다. 이 대통령은 성남에서 '민주사회를 위한 변호사 모임', 이천·광주시 노동상담소장 등으로 활동했다. 숙명여대 음대 졸업생이던 아내 김혜경 씨를 처음 만난 것도 이때다. 두 사람은 1991년 3월 30일 결혼해 슬하에 2남을 뒀다.

성남에서 변호사로 활동하던 시절, 이 대통령이 시민·사회운동으로 이름을 날린 계기는 2002년 파크뷰 특혜 분양 사건이다. 건축허가 사전 승인을 받기 위해 금품이 오가고, 특혜성 분양이 시행되는 것을 막기 위해 파크뷰 특혜 분양 저지 운동을 벌이며 시민운동에 발을 담갔다.

이어 성남시립병원 설립 운동을 주도했다. 당시 인구 50만

부인 김혜경 여사(왼쪽), 첫째 아들과 함께 찍은 젊은 시절의 이재명 대통령. (이재명 캠프 제공)

1990년 토론회에 참석한 이재명 변호사. (이재명 캠프 제공)

명의 성남 시내 큰 병원 두 군데가 한꺼번에 폐업했다. 한밤중에 응급 상황이 벌어지면 분당까지 가야 할 상황이 됐다. 이에 시립병원 설립 움직임이 일었고 이 대통령은 성남시립병원 설립추진위원회 공동대표가 됐다. 20만 명이 지지 서명을 할 만큼 호응이 있었지만 2004년 3월, 주민발의 조례가 성남시의회 문턱을 넘지 못했다.

법안 처리가 좌절돼 항의하는 과정에서 이후 이 대통령에게 '꼬리표'처럼 따라다닌 각종 '불법' 논란이 시작됐다. 당시 이 대통령은 본회의장에서 펑펑 울었다. 이 대통령은 "다수당이던 한나라당 소속 시의원들이 '47초' 만에 날치기로 법안을 폐기처분했다"며 두고두고 울분을 토했다. 하지만 당시 해당 조례를 심의했던 성남시의회 자치행정위원회 회의록에 따르면 관련 법과 제반 여건 등을 검토한 후 재심의하기 위해 '심사보류' 결정이 났던 것이며, 논의도 2시간 가까이 진행된 것으로 기록돼 있어 이후 정치적 논란이 계속 이어졌다. 결과적으로 당시 이 대통령은 특수 공무 집행 방해, 공무원 사칭 혐의로 기소돼 유죄 판결을 받았다. 이를 두고 이 대통령은 "시의회에서 항의하며 운 사건으로 수배가 떨어졌다"고 주장했다. 반면 국민의힘 측은 "단순한 항의가 아니라 폭행, 협박, 손괴로 (이 대통령) 본인이 직접 마이크를 집어 던지고 욕설하면서 발로 차는 등 점거 농성을 했다"며 맞서기도 했다.

변호사 시절이던 2004년 성남시립의료원 설립 및 운영에 관한 조례가 성남시의회에서 부결된 후, 의회 본회의장에서 오열하는 모습. (이재명 캠프 제공)

정치적 논란으로 커진 이 사건은 이 대통령이 정계에 발을 들여놓는 계기가 됐다. 이 대통령은 "교회 지하 기도실에서 수배 생활을 하면서 처음으로 정치를 해야겠다고 마음먹은 시간"으로 되돌아봤다. 반대로 특수 공무 집행 방해, 공무원 사칭 혐의 외에 음주 운전, 공직선거법 위반 혐의로 유죄를 선고받아 국민의힘 측으로부터 '전과 4범' 비판을 받는 출발점이 됐다.

이때쯤 정동영 열린우리당 당의장이 이 대통령에게 정계 입문을 권유한 것도 한몫했다. 이 대통령은 2006년 성남시장 선거, 2008년 분당갑 지역 총선에서 연달아 낙선했지만, 2010년 지방선거 때 '3수' 만에 성남시장에 당선됐다. 그는 2014년 성남시장에 재선됐고 2018년부터 20대 대선후보로 뽑히기 전까지 경기도지사를 지냈다. 정치인으로서 출발점이 된 이 사건은 이 대통령 개인의 삶에서 큰 전환점이 된 셈이다.

행정가로서도 시립병원 설립은 이 대통령의 '제1 목표'가 됐다. 이 대통령은 2010년 성남시장이 되자마자 병원 설립 준비에 들어갔다. 2013년 성남시의료원이 착공에 들어갔고 2019년 32개의 음압 병상을 갖춘 성남시의료원이 문을 열었다.

성남시장 시절 이 대통령은 '파격 행보'를 이어갔다. 성남의료원 설립 외에도 성남시 모라토리엄(지급 유예) 선언, 청년배당 추진 등 이후 이재명표 정책의 골간이 이때 마련됐다. 무상 산후조리원, 무상 교복 등 무상 시리즈 정책도 이때 선보였다. 자연스럽게 수많은 지방자치단체장 중 한 명이 아닌, 전국적인 관심을 한몸에 받는 '스타 행정가', '정치가'로 도약하는 발판이 됐다. 동시에 그의 저돌적인 행정은 적잖은 반발과 논란도 일으켰다.

성남시장 재임 시절 전국적인 주목을 이끈 첫 사례는 성남시 모라토리엄 선언이다. 당시 국토해양부는 판교 사업과 관련된 5,200억 원의 사업비 정산을 성남시에 요구했는데, 시는 이에 응할 돈이 없다며 모라토리엄을 선언했다. 이를 두고 "(전임 이대엽 성남시장이)특별회계 자금을 일반회계로 부당하게 전용하여 집행해 성남시 재정 운용에 큰 부담을 준 것을 바로잡은 용감한 행동"이라는 평과 당시 성남시 재정상 모라토리엄 선언을 할 만큼 절박하지는 않았다는 반론이 오가기도 했다.
논란의 과정에서 이 대통령의 친형 이재선 씨가 '성남시 모라
토리엄 선언'을 비판했고, 깊어진 형제간 갈등이 '친형 정신병
원 강제입원' 의혹과 '형수 욕설' 논란으로 번지기도 했다. 훗
날 이 대통령의 대선 가도에 걸림돌로 작용했던 대장동 개발
사업 논란, 백현동 아파트 용도 변경 논란 등 각종 사법 리스크
도 주로 이 시기 행보를 두고 불거졌다.

'사이다' 발언 … 전국구 정치인으로

2016년 말 박근혜 대통령 탄핵정국은 이 대통령이 '변방의 튀
는 시장'에서 '전국구 정치인'으로 성장하는 계기가 됐다. 이
대통령의 선명한 정치적 주장은 '사이다'라는 별명을 얻으며
많은 공감을 불러일으켰다. 탄탄한 소셜미디어(SNS) 지지층을
확보한 이 대통령은 촛불 시위에서 박근혜 대통령의 퇴진과
탄핵을 가장 먼저 주장했다. 이 대통령의 선명한 주장이 전환
점이 돼, 당시 대통령 탄핵까지는 주저했던 민주당의 행동 변
화를 끌어냈다. '흙수저 서민 정치인'으로서 기득권 재벌과 정
치 세력을 청산하겠다고 외친 그에게 '손가락 혁명군'과 '개혁
의 딸'이라는 견고한 지지층이 생겼다.

　전국 정치인으로서의 본격적인 도전이 이때 시작됐다. 민주

당 안에서도 그는 줄곧 '언더도그'로 꼽혔다. 하지만 변방의 조연에서 주역으로 탈바꿈하는 데 오랜 시간이 걸리지 않았다. 2017년 치러진 19대 대선에서 그는 '대권'이 본격적으로 가시권에 들어온 '큰 정치인'으로 성장했다. 더불어민주당 대선후보 경선에서 이 대통령은 문재인 대통령, 안희정 전 충남지사와 경쟁했지만 21.2% 득표율로 3위를 기록하며 탈락했다. 당시 TV 토론 등에서 문 전 대통령과 치열한 논쟁을 벌여 이른바 '친문(親文)'들과 사이가 멀어지기도 했다.

대선 이후 치러진 2018년 지방선거에서 이 대통령은 경기도 지사에 출마했다. 당내 경선에서 친문계 전해철 후보(행정안전부 장관)와 치열한 경쟁 끝에 승리했다. 본선에선 56.4% 득표율로 여유롭게 당선됐다. 취임 직후 성남시장 시절부터 구상해온 기본소득제와 청년 배당을 추진했다. 코로나19가 확산하던 시기에는 여야 대다수가 선별 지급을 주장하는 가운데 경기도민 전체에게 1인당 10만 원을 지급하며 치고 나갔다. 선도적으로 재난기본소득을 외쳤을 뿐 아니라 1,360만 명의 경기도민에게 재난기본소득을 집행하는 데 15일밖에 걸리지 않는 행정 수완을 과시하기도 했다.

2022년 20대 대선에서 민주당 대선후보가 되는 과정은 이 대통령의 상징과도 같은 '대역전극'의 전형이었다. 문재인 정권 시절 각종 여론조사에서 줄곧 여당 주자 선호도 1위를 기록하던 이낙연 전 대표를 누르고 민주당의 20대 대통령 후보가 된 것이다. 하지만 본선에선 윤석열 전 대통령에게 0.73%포인트 차로 밀려 고배를 마셨다. 부동산 가격 급등을 비롯한 문재인 정부의 각종 경제 실정이 발목을 잡은 탓이 컸다.

쓰러지지 않는 오뚝이 ··· 강인한 생명력

하지만 그는 쓰러지지 않았다. 잡초처럼 질긴 생명력을 과시하며 다시 일어섰다. 대선 패배 직후 이 대통령의 당내 입지는 흔들렸다. 선거 과정에서 수면으로 떠오른 사법 리스크는 '조만간 정치인 이재명을 끝장낼 것'이라는 전망도 힘을 얻었다. 여론이 악화한 가운데 국회에서 체포동의안이 가결됐고, 공직선거법 1심에선 의원직을 상실하고 피선거권이 박탈되는 형을 받기도 했다. 하지만 그런 고비마다 이 대통령은 매번 극적으로 생환했다.

이번에도 정면 돌파가 힘을 발휘했다. 과거 대선에 패배한 정치인은 은퇴하거나 잠시 일선에서 물러나는 경우가 대부분이었다. 하지만 이 대통령은 대선이 끝난 뒤 3개월 만에 치러진 국회의원 보궐선거에서 인천 계양을 출마를 모색했다. 당내에서도 "대장동 수사에 대비한 '방탄용' 국회의원 배지를 달겠다는 거냐?"는 비판이 나왔지만, 이 대통령은 뚝심 있는 행보 끝에 여권의 '대권 주자'로 평가받던 원희룡 국민의힘 후보를 제치고 국회에 입성했다.

여기서 그치지 않고 2020년 8월 당대표 선거에 출마해 77.77% 득표율로 당선됐다. 원내 제1당의 당권을 거머쥔 것이다. 압도적인 득표율을 기록했지만, 이때까지만 해도 친문을 중심으로 한 비명(非明) 세력의 견제가 적지 않았다. 그 결과, 2023년 9월 검찰이 이 후보에 대한 구속영장을 청구했을 때, 국회 체포동의안 표결에서 민주당 안에서 다수의 반란표가 나오면서 이 대통령이 구속 위기에 몰리기도 했다. 하지만 이 대통령은 단식 투쟁으로 맞섰고, 결국 구속영장 기각이라는 결실을 봤다.

법원의 구속영장을 기각은 오히려 이 대통령의 당내 입지가 강화되는 계기가 됐다. 안에선 당내 주류 세력과 싸우고 밖에선 윤석열 정부의 검찰과 사투를 벌였다. 윤석열 정권 임기 내내 각종 수사와 재판으로 벼랑 끝에 내몰리는 경험을 여러 차례 했다. 대장동 개발 사건, 공직선거법 위반 등의 혐의로 다섯 번 기소돼 '피고인'으로 법정을 수없이 드나들었다. 물리적으로 생명을 위협받는 위기도 넘겼다. 2024년 1월 부산 가덕도 신공항 건설부지를 시찰한 뒤 이동하던 도중 칼에 목을 찔리는 테러가 발생한 것이다. 경동맥 손상으로 긴급 수술을 받으며 목숨을 잃을 위기를 넘겼다.

내부를 다진 이 대통령은 2024년 4월 총선을 앞두고 이른바 '비명횡사' 공천을 주도했다. 체포동의안 표결 때 반란표를 던진 것으로 지목된 친문 의원들이 줄줄이 탈락했다. 공천 잡음에도 이 대통령은 총선에서 압도적 과반수인 170석을 확보하면서 '이재명 일극 체제'를 완성했다.

총선 이후 민주당은 과반 의석을 이용해 윤석열 정부에 강공을 퍼부었다. 윤석열 정부 주요 인사와 이 대통령을 수사한 검사 등에 대해 줄탄핵에 나섰고, 윤석열 정부를 겨냥한 특검법을 연달아 통과시켰다. 노란봉투법과 양곡관리법 등 각계의 우려가 큰 법안도 강행 처리하며 정부를 압박했다.

이런 민주당의 움직임에 '입법 폭주'라는 비판이 적지 않았지만, 윤석열 전 대통령은 2024년 12·3 계엄으로 자멸하면서 오히려 '이재명 대세론'의 길을 열어줬다. 비상계엄 당일 아내가 눈물을 흘리며 운전하는 차를 타고 국회로 내달렸던 이 대통령은 절체절명 위기의 순간에 일사불란하게 의원들을 진두지휘하며 계엄 해제를 끌어냈다.

이 대통령의 정치 이력 내내 사법 리스크가 따라다녔지만, 모든 사건에서 기사회생했다. 2020년 형의 강제입원과 관련한 허위 사실 공표 혐의 재판에선 대법원이 파기환송했다. 20대 대선 때 대장동 개발의 실무자였던 고(故) 김문기 성남도시개발공사 처장을 "모른다"고 하고, 국토교통부 협박으로 백현동 개발부지 용도를 조정했다고 말해 허위 사실 공표 혐의로 기소됐다. 2024년 11월 1심에서 징역 1년에 집행유예 2년이 선고됐지만, 2025년 3월 2심은 1심을 뒤집고 무죄를 선고했다. 이후 대법원이 유죄 취지 파기환송했지만, 공직선거법 위반 파기환송심과 대장동 배임 사건, 위증교사 2심 재판이 모두 대선 이후로 미뤄졌다.

이 대통령은 정치 입문 이후 친노무현·친문재인 등 당내 주류 세력을 상대로 처절한 인정투쟁을 벌여 당권을 쟁취했고, 2번의 대선 도전 끝에 사회 주류인 보수 세력을 누르고 대권을 거머쥐었다. 이중·삼중으로 에워싸던 각종 사법 리스크도 모두 넘어섰다. 그렇게 빈농(貧農)의 아들로 계보·조직도 없던 비주류 정치인 이 대통령은 사실상 본인의 힘으로 만인지상의 자리에 올랐다. 이 대통령이 정치 입문의 초심을 잊지 않고 앞으로 5년간 국정에 매진하길 바라면서 대선 기간 수도 없이 반복했을 이 대통령의 발언을 소개한다.

"가난은 자랑도 아니지만 그렇다고 부끄러운 것도 아닙니다. 제가 선택할 수 있었던 것이 아니니까요. 오히려 가난 때문에 저는 더 빨리 자랐고, 더 많은 세상을 알게 됐습니다."

2장

이재명 대통령의
용인술

이 재 명 사 람 들

성과, 경쟁, 실무 - 이재명식 인사 원칙

대한민국 헌법은 대통령 한 사람에 막강한 인사 권한을 부여하고 있다. 내각을 총괄하는 국무총리와 국무위원은 물론 사법부 수장인 대법원장, 헌법상 독립된 기관인 감사원 원장과 헌법재판소 재판관 임명 권한도 대통령에게 있다. 사법·행정 기관의 장(長)뿐만 아니라 부처 차관, 검찰총장, 국세청장 등 차관급 인사와 정부 산하 기관장도 대통령이 직접 임명한다.

권력의 정점에 있는 대통령의 용인술, 즉 '사람 쓰는 법'은 그래서 중요하다. 잘 된 인사는 정권을 단단하게 지지해주지만 잘못된 인사는 정권을 단숨에 휘청거리게 하는 위력을 지닌다.

이재명 대통령은 경기 성남시 지역에서 활동하는 인권변호사로 시작해 성남시장(민선 5·6기), 경기도지사(민선 7기)를 지냈다. '늘공(직업 공무원)'이 어떻게 해야 움직이는지 그 누구보다 잘 알고 있다. "책상에만 앉아 있던 공무원들에게 '민원을 많이 해결하면 인센티브를 주겠다'고 했더니 알아서 시장으로 나가 상인들에게 '장사하는 데 불편한 점 없냐'고 묻고 다니더라"고 한 적이 있다. 보신주의로 점철돼 있는 공무원 조직을 어떻게 다뤄야 하는지 잘 알고 있다는 자신감이 있다.

이 대통령은 개개인이 헌법 기관인 국회의원 170명을 거느린 거대 정당의 대표도 지냈다. 22대 총선을 이끌며 말 많고 탈 많았던 '공천 파동'을 정면 돌파했다. 결과적으로 22대 총선은 이 대통령이 당을 완전히 장악하는 결정적 사건이 됐다. 이는 대권을 거머쥐는 결과로 이어졌다고 평가해도 지나치지 않다. 이 역시 이 대통령 용인술의 결과다.

이 대통령이 성남시장, 경기도지사, 당대표를 거쳐 대통령이 되기까지 15년간 보여준 용인술은 크게 세 가지로 요약된다.

철저한 능력·성과주의

"최고경영자(CEO)와 가깝다고 백화점 1층에 점포를 마구 내주기 시작하면 그 백화점은 망합니다. 사적 인연은 배제하고 매출이 높은 순서대로 입점시켜야 백화점이 살죠. 이재명이라는 사람은 자신과 좀 친하다고 절대 '입점'시켜주지 않습니다. 실력대로, 능력대로 쓸 겁니다."

민주당이 22대 총선에서 압승한 직후 만난 민주당 핵심 인사는 이재명 당시 당대표의 용인술을 '백화점 경영'에 비유하며 이렇게 말한 적이 있다. 철저히 능력 중심으로 사람을 쓸 것이라는 얘기를 하면서다. 과거 정권들이 '우리 편'이면 일단 백화점 1층 자리를 내주는 식으로 인사를 해 손님이 뚝 끊겼지만, 이 대통령은 '내 편, 네 편' 상관없이 능력대로 사람을 써 성과를 낼 것이라고도 했다.

역대 어느 정권이든 권력자와의 친소(親疏) 여부는 사람을 쓰는 중요한 잣대로 작용했다. 이는 필연적으로 그 사람의 능력을 등한시한 인사이기 때문에 대부분 실패, 참사로 귀결이 됐다. 어느 정당이든 정도의 차이가 있었을 뿐 이런 공식에는 예외를 찾기 어렵다.

이 대통령은 본인 스스로 "능력 하나로 이 자리까지 왔다"고 평가한다. 오로지 지방자치단체에서 보여준 행정 능력만으로 정치 변방에서 국민 선택을 받아 당대표가 되고, 끝내 대권의 자리에 올랐다는 점에 강한 자부심을 가지고 있다. 이 대통령은 후보 시절이던 지난달 10일 경남 사천을 방문한 자리에서 "오직 국민만을 위해 일할 사람, 검증된 능력을 갖춘 사람을 선택해야 한다"며 자기 능력을 재차 강조했다.

정치권의 한 인사는 "이 대통령은 그 누구보다 성공한 정권을 만들고자 하는 욕망이 강하다. 자신이 성공을 거뒀던 것처럼 철저히 성과를 내는 실력 있는 사람 중심으로 국정을 운영하게 될 것"이라고 했다. 이 인사의 전망이 현실화할지 주목해 볼 일이다.

2인자는 없다 … 무한경쟁 유도

이 대통령은 어떤 분야에서든 2인자를 용납하지 않는다는 평가도 받는다. 공정한 경쟁을 붙여 최상의 결과물을 끌어내는 게 이 대통령의 인사 스타일이라는 것이다. 복심을 두지 않는 '전략적 모호성'으로 2인자를 두는 대신 무한경쟁을 통해 시너지 효과를 최대화한다는 설명이다. 회의를 주재하는 스타일도 자신이 보는 앞에서 찬성, 반대 의견을 개진하도록 해 설득력 있는 의견을 수용하는 식이다.

지난해 말 금융투자소득세(금투세) 폐지 논란이 일었을 때 당내 찬반 공개 토론회를 연 게 대표적이다. 민주당 의원들은 4명씩 갈라져 서로의 논리를 반박하고 재반박했다. 같은 당 의원들이 특정 사안을 놓고 찬성과 반대 입장으로 나뉘어 전 국민이 지켜보는 가운데 공개 토론을 벌인 건 지금까지 없던 일이다. 이 대통령의 결단으로 결론은 금투세 폐지였지만, 이 대통령은 당시 금투세 강행을 주장했던 진성준 정책위원회 의장을 계속 곁에 두고 쓰고 있다.

민주당 관계자는 "물론 이 대통령이 어느 정도 정해놓은 의사결정 방향은 있겠지만 각자의 논리로 챌린지하는 사람을 곁에 둔다"며 "그래야 이 대통령 자신의 논리가 더욱 탄탄해진다고 믿기 때문"이라고 했다.

대선 직전까지만 해도 이 대통령의 공약 발굴을 돕는다는 조직이 당 안팎에서 3~4개가 생겨났다. 당내에서 미래경제성장전략위원회, 민생연석회의, 정책위원회가 경쟁적으로 공약이 될 만한 정책을 쏟아냈고, 당 밖에서는 전직 관료와 교수 출신들이 주축이 된 싱크탱크 '성장과통합'이 활약을 했다. 이 대통령은 어느 한 조직에 힘을 실어주지 않았다. 민주당 재선 의원은 "서로를 견제하고 긴장하도록 해 가장 좋은 결과물을 끌어내는 재주가 있다"며 "경쟁하는 사람 입장에서는 힘들겠지만, 선택지가 많아지는 이 대통령 입장에서는 이런 방식을 마다할 이유가 없다"고 했다.

물론 이런 무한경쟁을 유도하는 인사 스타일은 경쟁 상대에 대한 불필요한 마타도어(흑색선전)를 유발할 수 있다는 부작용도 있다.

'자기 정치'하지 않는 실무형 인재 선호

이 대통령은 대선 캠페인 기간동안 수첩을 들고 전국 소도시 51곳을 돌았다. 시장통에서 상인이 입에 넣어주는 음식을 받아먹다가도 '즉석 민원'이 제기되면 안주머니에서 어김없이 수첩을 꺼내 깨알 메모를 했다. 지난 5월 강원도 철원 전통시장을 찾은 자리에서 자신을 청년 상인이라고 소개한 한 청년이 불쑥 말을 걸며 "소상공인을 많이 도와달라"고 하자 곧바로 수첩과 펜을 꺼내 "구체적으로 어떤 정책이 필요하냐"며 메모를 했다.

이 대통령을 잘 아는 민주당 중진 의원은 "이 대통령은 의전 따지면서 무게 잡는 사람 안 좋아한다"며 "총리든 장관이든 실무형 인재를 쓸 것"이라고 했다. 실제로 이 대통령은 지난해 당내 조직인 국민경제자문회의 의장으로 초선 의원 출신인 홍성국 전 민주당 의원을 전격 임명했다. 홍 전 의원은 증권사 최고경영자(CEO) 출신으로 당 최고위원회의 때마다 경제 지표 브리핑을 했던 인사다. 김진표 전 국회의장처럼 경제부총리 등을 지낸 중량급 인사를 의장으로 임명했던 관행을 깼던 것이다.

실무형 인재를 선호하는 이 대통령의 인사 스타일은 핵심 참모그룹 면면을 봐도 잘 드러난다. 성남시·경기도 시절부터 이 대통령을 지근거리에서 보좌하는 인사들은 자신을 외부에

드러내기보다는 철저히 업무 중심인 인물들이다. 이 대통령의 측근임을 드러내며 소위 '자기 정치'를 하는 인사는 배격한다.

성남시장과 경기지사, 거대 여당의 대표를 거치면서 현장을 중시하고 적절하게 '당근'과 '채찍'을 병용했던 이 대통령의 용인술은 불시에 닥친 위기에 효율적으로 대처했을 뿐 아니라 즉각적으로 구체적인 성과를 냈다는 평을 듣는다. 구성원들에게 경각심을 불어넣고 제대로 된 보상을 시행하며 조직에 활력을 불어넣었다.

앞으로 국가 단위 행정과 전 국민을 대상으로 한 정치에서도 이 대통령의 사람을 다루는 기술이 국론을 모으고, 국민의 에너지를 최대한 끌어모으는 성과를 낼 수 있을지 주목된다.

2부

—

이재명
핵심 브레인

3장

총론: 이재명 사람들, 그들은 누구인가

이재명 사람들

이재명 대통령과 함께 걸어온 사람들

"비주류 흙수저"

이재명 대통령은 불과 10년 전만 해도 정치 변방에 홀로 서 있었다. 박근혜 전 대통령 탄핵으로 2017년 치러진 19대 대선에 출마한 이재명 당시 성남시장 곁에는 더불어민주당 현역 의원이 딱 다섯 명(이종걸 정성호 유승희 김병욱 김영진 의원)이 있을 뿐이다. 비주류 중 비주류였던 이 대통령의 정치적 자질과 성장 가능성을 보고 캠프에 합류했다기보다는 인간적 도리가 우선 작용했다. 정성호 의원은 사법연수원(18기) 동기이고, 김병욱 의원은 성남시장 당선을 도운 인연이 있다. 김영진 의원은 이 대통령과 같은 중앙대 인맥이다.

당연히 외곽 조직이랄 것도 없었다. 사법연수원을 나와 줄곧 성남 지역 인권변호사로 활동한 이 대통령 주변에는 그에게 도움을 줄 사람보다는 도움이 필요한 사람이 더 많았다. 이 대통령은 혈혈단신으로 정치 변방에서 여의도 중앙정치로 서서히 무대를 바꿔갔다.

철저한 비주류의 길은 역설적으로 이 대통령에게 대체 불가능한 측근을 남겼다. 성남시·경기도에서 동고동락한 인사들은 이 대통령을 20년 가까이 바로 옆에서 묵묵히 지키고 있다. 지방자치단체장 시절 인연을 맺은 학계 전문가들과도 여전히 끈끈하다. 이들은 경제·사회·정치 등 거의 모든 분야에서 이 대통령이 리더로서의 안목을 키우는 데 핵심적인 역할을 했다.

성남시·경기도 그룹

성남시·경기도 인맥은 이 대통령이 지방 행정가로 일한 약 11년(성남시장 8년, 경기도지사 3년)간 곁을 지킨 핵심 측근 그룹이다. 우선 이 대통령의 첫 선출직이었던 성남시장 도전을 도왔던 정치인은 김영진 의원, 김병욱 전 의원 등이다. 김영진 의원은 경기 수원이 지역구인 김진표 당시 의원의 보좌관으로 일하며 중앙대 선배인 이 대통령의 성남시장 당선을 도왔다. 이 대통령과 성남 지역에서 처음 인연을 맺은 김병욱 전 의원은 이 대통령이 성남시장에 출마했을 때 선거대책위원회 위원장이었다.

정성호 의원은 이 대통령과 사법연수원에서 처음 만났다. 함께 노동법학회를 하며 교류했다. 이 대통령은 과거 "사람들은 정성호가 이재명계 핵심이라는데, 제가 정성호계 핵심"이라고 했다. 정 의원은 이 대통령에게 쓴소리를 마다하지 않는 측근으로 꼽힌다. 정치권의 한 인사는 "'7인회'라는 얘기가 있지만 이 대통령의 진짜 측근은 정성호 김병욱 김영진 '3인회'"라고 했다.

이들처럼 중앙정치 무대에서 활동한 성남시·경기도 그룹도 있지만 이 대통령 곁에서 오랜 기간 묵묵히 보좌한 실세들도 있다. 김남준 전 당대표실 정무조정부실장은 '이재명의 입'으로 통한다. 성남시청 대변인, 경기도지사 언론비서관을 지냈다. 이번 대선에서는 후보 일정을 총괄했다. 당 핵심 관계자는 "공식 업무는 일정 총괄이지만, 이 대통령과 관련된 거의 모든 정무적 의사결정에 김 전 부실장이 관여한다고 보면 된다"고 했다.

김현지 보좌관은 대중에 잘 알려지지 않은 숨은 실세다. 이 대통령이 1995년 창립한 성남 지역 시민단체에서 일했고, 이 대통령이 2010년 성남시장에 당선되자 인수위원회 간사를 했다. 이후 경기도청 비서관을 지냈고, 이 대통령이 국회의원이 되자 의원실 보좌관으로 합류했다. 재판을 받고 있는 정진

상 전 당대표실 정무조정실장, 김용 전 민주연구원 부원장 등
도 이 대통령의 핵심 측근이다. 이 대통령은 과거 "정진상, 김
용 정도는 돼야 측근"이라고 얘기한 적이 있다.

　이번 대선에서 중앙선거대책위원회 정책본부에서 전략기획
팀을 이끈 김락중 보좌관도 눈여겨볼 만한 인사다. 성남시 지
역 언론사 기자 출신인 김 보좌관도 성남시와 경기도청으로
이어지는 이 대통령의 정치 여정에 늘 함께했다. 이번 대선에
서 이 대통령 캠프의 메인 슬로건을 '진짜 대한민국'으로 정하
는 과정은 물론 이 대통령이 과거 지자체에서 추진했던 청년
배당, 무상 산후조리, 무상교복 지원 정책을 실무적으로 뒷받
침했다. 신문기자 출신인 김상호 언론보좌관도 성남·경기 라
인으로, 이 대통령 공보 네트워크의 중추적 역할을 하고 있다
는 평가를 받는다.

학계 전문가 그룹

학계 전문가 그룹의 대표 주자는 이한주 민주연구원장이다.
'민주연구원'은 민주당의 싱크탱크 조직이다. 이 원장은 이 대
통령의 '40년지기 멘토'로, 이 대통령이 성남 지역에서 시민사
회 운동을 할 때 처음 인연을 맺었다. 이 대통령의 '기본사회'
구상에 이론적 배경을 제공한 인물이다. 이번 대선 과정에서

는 선대위 정책본부 총괄본부장을 맡아 공약 수립을 진두지휘했다.

진보 성향의 주병기 서울대 경제학과 교수, 강남훈 한신대 명예교수, 문진영 서강대 신학대학원 사회복지학과 교수 등이 이 대통령의 분배축을 담당한다면 하준경 한양대 경제학부 교수, 유종일 전 KDI국제정책대학원 원장은 성장축을 담당한다고 볼 수 있다. 성장과 분배 양 축의 균형을 맞춰 어느 한쪽으로 쏠리지 않으면서 경제 상황에 따라 무게중심을 조절하는 전략이다. 이 대통령이 이번 대선에서는 경제 성장에 방점을 두고 있다는 점에서 무게 추는 일단 성장 담론을 주장하는 전문가 그룹에 기울어 있다는 평가가 많다.

검찰 개혁 분야는 정한중 한국외대 법학전문대학원 교수, 이진국 아주대 법학전문대학원 교수 등이 아이디어를 제공했다. 정 교수는 이 대통령이 22대 총선을 앞두고 당대표 시절 인재로 영입한 적이 있다. 이 교수는 형사법 전문가로 민주당 혁신위원회 위원으로 참여했다.

전직 관료 그룹

전직 관료 출신 핵심 그룹은 이 대통령의 정책 아이디어를 현실에 맞춰 보다 구체화하는 역할을 하고 있다. 민주당 현역 의원 중에서는 안도걸 의원(기획재정부 2차관), 임광현 의원(국세청 차장), 위성락 의원(주러시아 대사), 박선원 의원(국가정보원 1차장) 등이 있다. 안 의원은 기재부 예산실장을 지낸 '예산통'이고 임 의원은 세정(稅政) 전문가다. 위 의원은 외교부 북미국장과 한반도평화교섭본부장, 주러 대사를 지냈다. 위 의원은 "외교 선진화를 위해서는 당파성을 버려야 한다"며 이 대통령과 같은 실용 외교를 강조한다.

국정원 출신인 박 의원은 한반도 비핵화 문제와 관련해 민주당이 전통적으로 가지고 있던 노선과는 다소 결이 다른 주장을 하는 인물이다. 박 의원은 올해 초 국회에서 열린 한 토론회에서 "민주당은 스스로 핵무장을 금기시하는데, 이 굴레에서 벗어나야 한다"는 주장을 폈다. 이 대통령의 대북 정책에 어느 정도 영향력을 행사할 수 있을지 주목된다.

원외 인사로는 김현종 전 국가안보실 2차장이 핵심으로 꼽힌다. 이 대통령이 당대표 시절 외교안보특별보좌관으로 직접 영입했다. 노무현·문재인 정부에서 한미자유무역협정(FTA) 협상을 이끈 경험이 있다. '가시적 반대급부'를 협상의 원칙으로 삼는다. 이 대통령의 신뢰가 두터워 향후 도널드 트럼프 미국 행정부와의 관세 협상에서 중추적인 역할을 할 것으로 예상된다. 기재부 관료 출신인 구윤철 전 국무조정실장(장관급)과 한훈 전 농림축산식품부 차관도 이재명 정부의 미래성장

전략을 짜는 데 역할을 했다.

민주당 현역 그룹

민주당 현역 의원 중에서 이재명 정부 출범의 공신을 따지는
건 의미가 크지 않다. 이 대통령의 당 장악력이 극대화된 상황
에서 치러진 대통령 선거였던 만큼 너나 할 것 없이 이 대통령
을 중심으로 뭉쳤다. 170명 의원 대부분이 중앙선거대책위원
회에서 역할을 맡았다.

   그럼에도 당내에 이 대통령과 통하는 측근 의원 그룹은 존
재한다. 총괄선거대책위원장을 맡았던 박찬대 원내대표는 이
대통령이 가장 믿는 동료 의원 중 하나다. 자신이 정치적 유불
리를 따지지 않고 이 대통령을 지지하는 점을 높게 산다고 한
다. 공동선거대책위원장을 한 김민석 수석최고위원도 대선 승
리의 기여도를 따진다면 앞순위다. 김 수석최고위원은 최고의
전략가답게 대선 이전부터 정권 교체 플랜을 짜고 실행에 옮
겼다. 김 수석최고위원은 12·3 비상계엄 사태 이전부터 당 집
권플랜본부를 구성해 본부장을 했다.

   천준호 당 전략기획위원장은 이 대통령이 지난해 부산에서
피습됐을 당시 현장에 있었던 인물이다. 치밀하고 꼼꼼한 성
정이 이 대통령의 높은 신임을 받고 있다고 한다. 민주당 핵심

인사는 "지금은 천 의원이 이 대표의 장자방"이라고 평가한 적도 있다. 장자방(장량)은 중국 한나라 고조 시대 유방의 책사로, 사마천이《사기》에서 꼽은 최고의 참모다.

정책위원회 의장인 진성준 의원과 김성환 의원은 이한주 민주연구원장과 함께 정책본부장으로 공약을 총괄했다. 성남시·경기도 그룹으로 통하는 정성호 김영진 의원 등도 당연히 이 대통령과 직접 소통하는 원내 측근 인사다.

경제·산업계

박태웅	집단지성센터장
이재성	부산시당위원장
박찬대	원내대표
홍성국	최고위원
이언주	최고위원
김현종	전 국가안보실 2차장
김병욱	전 의원

법조인

이언주	최고위원
이건태	의원
박희승	의원
김남국	전 의원
강금실	전 법무부 장관
임선숙	변호사
정성호	의원
박균택	의원
이태형	변호사

이재명 대통령
인맥분석

성남시·경기도

김남준	정무조정부실장
김현지	보좌관
강위원	더민주전국혁신회의 상임고문
김용	전 민주연구원 부원장
김락중	보좌관
김상호	언론보좌관
정진상	전 당대표 정무조정실장
모경종	의원
안태준	의원
윤종군	의원
김병욱	전 의원
정성호	의원
김영진	의원
문진석	의원
이한주	민주연구원 원장
강남훈	한신대 명예교수

학계

이한주	민주연구원 원장
강남훈	한신대 명예교수
정은경	전 질병관리청장
하준경	한양대 교수
유종일	전 KDI 국제정책대학원장
주병기	서울대 교수
허민	전남대 교수
문진영	서강대 교수
정한중	한국외대 교수

중앙대 동문

정을호	의원
김준혁	의원
이연희	의원
김남국	전 의원
김영진	의원
문진석	의원

윤여준	전 환경부 장관
권혁기	정무기획실장
한훈	전 차관
부석종	전 해군참모총장
황인권	전 육군대장

전직 관료

김현종	전 국가안보실 2차장
이건태	의원
박희승	의원
구윤철	전 국무조정실장
신재현	전 에너지·자원협력대사
김병기	의원
위성락	의원
임광현	의원
안도걸	의원
박균택	의원
이태형	변호사
정은경	전 질병관리청장
인태연	전 청와대 비서관

민주당 전·현직 의원

박찬대	원내대표	박성준	의원	이연희	의원
홍성국	최고위원	강선우	의원	김남국	전 의원
이언주	최고위원	정동영	의원	모경종	의원
박선원	의원	천준호	의원	안태준	의원
진성준	의원	이해식	의원	윤종군	의원
윤호중	의원	김윤덕	의원	김병욱	전 의원
윤후덕	의원	조승래	수석대변인	정성호	의원
김태선	의원	강훈식	의원	김영진	의원
정진욱	의원	김민석	최고위원	문진석	의원
한준호	최고위원	정청래	의원	김병기	의원
강유정	의원	이건태	의원	위성락	의원
안규백	의원	박희승	의원	임광현	의원
박주민	의원	정을호	의원	안도걸	의원
김우영	의원	김준혁	의원	박균택	의원

이재명 대통령 사람들
분야별 분포

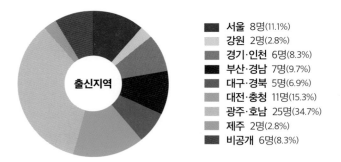

출신지역

- 서울 8명(11.1%)
- 강원 2명(2.8%)
- 경기·인천 6명(8.3%)
- 부산·경남 7명(9.7%)
- 대구·경북 5명(6.9%)
- 대전·충청 11명(15.3%)
- 광주·호남 25명(34.7%)
- 제주 2명(2.8%)
- 비공개 6명(8.3%)

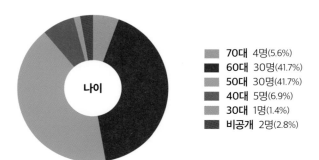

나이

- 70대 4명(5.6%)
- 60대 30명(41.7%)
- 50대 30명(41.7%)
- 40대 5명(6.9%)
- 30대 1명(1.4%)
- 비공개 2명(2.8%)

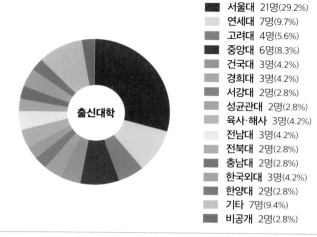

서울대 21명(29.2%)
연세대 7명(9.7%)
고려대 4명(5.6%)
중앙대 6명(8.3%)
건국대 3명(4.2%)
경희대 3명(4.2%)
서강대 2명(2.8%)
성균관대 2명(2.8%)
육사·해사 3명(4.2%)
전남대 3명(4.2%)
전북대 2명(2.8%)
충남대 2명(2.8%)
한국외대 3명(4.2%)
한양대 2명(2.8%)
기타 7명(9.4%)
비공개 2명(2.8%)

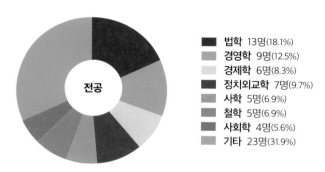

법학 13명(18.1%)
경영학 9명(12.5%)
경제학 6명(8.3%)
정치외교학 7명(9.7%)
사학 5명(6.9%)
철학 5명(6.9%)
사회학 4명(5.6%)
기타 23명(31.9%)

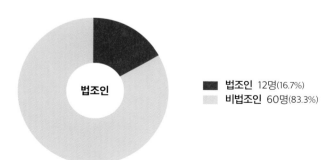

법조인 12명(16.7%)
비법조인 60명(83.3%)

4장

성남시·경기도
그룹

이재명 사람들

강남훈 한신대 명예교수

출생 1957년

학력 서울대 경제학과 및 동대학원 경제학 석·박사

경력 前 한신대 경제학과 교수, 기본소득위원회 공동위원
장(이재명 도정), 기본소득한국네트워크 이사장, 기본
소득 국민운동본부 공동 상임대표

李 기본소득 설계자

강남훈 한신대 명예교수는 마르크스주의 경제학과 '한국형 기
본소득'을 연구해온 진보 성향 경제학자다. 이재명 대통령의
'기본소득 스승', '기본소득 설계자'로도 불린다.

기본소득한국네트워크 이사장을 지낸 강 명예교수는 이 대
통령이 직접 위원장을 맡았던 당내 기본사회위원회 정책단장
이다. 이한주 민주연구원 원장과 함께 이 대통령의 기본소득
구상에 큰 틀을 제공한 핵심 인사로 꼽힌다. 저서로는《기본소
득의 쟁점과 대안사회》,《기본소득의 경제학》등이 있다.

강 명예교수와 이 대통령의 본격적인 인연은 2014년 6월로
거슬러 올라간다. 강 명예교수가 성남시청에서 간부 공무원들

을 대상으로 '기본소득 특강'을 하면서다. 당시 성남시장이 이 대통령이었다. 이때부터 이 대통령과 강 명예교수가 본격적으로 소통을 하기 시작한 것으로 알려졌다. 이 대통령은 강 명예교수의 조언을 수시로 들으며 기본소득 구상을 시정(市政)에 적용했다.

강 명예교수는 성남시가 발주한 청년 배당 연구용역을 수행하기도 했다. 강 명예교수는 당시 한국경제신문과의 인터뷰에서 "선별 자체의 행정적 비용도 부담스러워 조건을 붙이기 시작하자 추가적인 사회적 비용이 발생했다. 그럴 바에야 기본소득을 지급하자는 거다"라고 주장하기도 했다.

강 명예교수는 이 대통령이 경기지사 시절인 2018년 12월 출범시킨 경기도 기본소득위원회의 공동위원장을 맡으면서 이 대통령과 인연을 이어갔다. 2020년에는 시민단체 '기본소득 국민운동본부'를 결성해 이 대통령의 기본소득 정책이 전국적으로 주목을 받는 데 역할을 하기도 했다. 2021년 이 대통령이 20대 대선에 출마 선언을 하자 강 명예교수는 이듬해 캠프 내 정책자문 그룹에서 기본소득 특별연구단 공동위원장을 맡았다.

이후 중앙선대위에도 참여해 이 대통령 직속 기본사회위원회 고문을 지냈다. 당시 이 대통령은 전 국민에게 연 100만 원(청년은 연 200만 원)의 기본소득을 주겠다는 공약을 내걸었다.

지난 2022년 대선 때 이 대통령이 공약으로 내걸었던 국토보유세(토지이익배당제) 도입은 강 명예교수가 주장하는 대로다. 이 대통령은 대선을 앞둔 2021년 12월 한국신문방송편집인협회 토론회에서 "세금을 걷는 부분(국토보유세)과 지급하는 부분(토지배당제), 두 부분이 한 덩어리인데 내는 부분만 떼어서 공격을 한다"며 "투기가 문제가 되니까 보유세를 올려야 하는데 보유세를 올리면 국민이 저항한다. 국민에게 보유 부담을 늘리되 압도적 다수가 취득해 이익을 본다면 저항이 낮아질 것"이라고 했다.

　강 명예교수는 이 대통령이 2022년 대선에서 패한 직후인 그해 6월 기본소득한국네트워크에서 한 강연에서 "(특정 계층이 아니라) 보편적 보유세는 부동산 가격을 낮추는 효과가 있다"며 "보유세를 통한 토지배당으로 공유 토지에 대한 지분이 생기기 때문"이라고 했다. 그는 "지금까지 기본소득은 '주는' 실험이었다"며 "제대로 된 기본소득 실험을 하려면 '내는' 것까지 실험해야 한다"고 강조했다. 그러면서 "자신의 토지에 대해 0.5%의 국토보유세를 내면 연간 60만 원의 토지배당을 받는 실험을 해야 한다"고 했다. 토지배당을 통해 기본소득을 실현해야 한다는 구상으로, 이 대통령의 발언과 일맥상통한다.

　이 대통령이 21대 대선 첫 공약으로 내놓은 'AI 기본사회' 구현도 강 명예교수의 영향력 아래 있는 것으로 보는 시각이 적지 않다. 이 대통령은 대선 출마 선언 이후 첫 행보로 AI 반도체 설계 스타트업인 퓨리오사AI를 방문해 "AI로 금융 건강 식량 재난 리스크를 분석해 국민의 삶을 지키는 AI 기본사회를 만들겠다"고 했다. 이 같은 주장은 강 교수가 2016년 발표한 논문 〈인공지능과 기본소득의 권리〉에서 다뤄진 내용이다. AI 시대에 기본소득은 복지 정책을 넘어 공유자산에서 발생하는 부를 공정하게 배분할 수 있는 수단이 될 수 있다는 게 핵심이다.

강위원 더민주전국혁신회의 상임고문

출생	1973년 전남 영광
학력	서석고–전남대(제적)
경력	한국대학총학생회연합 5기 의장, 경기도농수산진흥원장, 더민주전국혁신회의 상임대표, 이재명 민주당 대표 특보, 더민주전국혁신회의 상임고문

호남 조직 꽉 잡은 강경 투쟁파

강위원 더민주전국혁신회의 상임고문은 당 외곽, 특히 호남 지역에서 활동하며 이재명 대통령을 도운 원외 인사다. 강성 친명(친이재명)계 인사로도 꼽힌다.

강 고문은 전남 영광 출신으로, 광주 서석고와 전남대를 나왔다. 서석고 3학년 때인 1989년 노태우 정부가 전국교직원노동조합(전교조)을 탄압한다며 학생 대표자 단체를 구성하고 초대 의장 활동을 하다가 6개월 동안 수감 생활을 했다. 대학교 때는 한국대학총학생회연합(한총련) 5기 의장을 지냈다.

과거 민주당 주류 세력이자 학생운동 선배 세대인 전국대학생대표자협의회(전대협) 중심의 '86(80년대 학번, 60년대생) 그룹'과는 노선이 구분된다.

1997년 한총련 간부들이 한총련 5기 출범식이 열리는 한양대 캠퍼스를 찾은 선반 기능공 이석 씨를 경찰 정보원(프락치)으로 의심해 구타 후 사망에 이르게 한 사건이 있었는데, 강 고문은 당시 한총련 의장으로 선출된 상태였다. 강 고문이 이 사건에 직접 가담하진 않았지만 한 달여 후 국가보안법 위반으로 구속됐다.

출소 후 고향인 전남 영광으로 돌아가 지역사회를 돌보는 일에 집중했다. 복지공동체 '여민동락'을 만들었다. 어르신들의 노후와 생활 자립을 돕기 위해 '동락점빵'이란 협동조합을 구성하기도 했다. 작은 학교 살리기도 주요 성과 중 하나였다. 이후 당시 광주광역시 광산구청장이었던 민형배 민주당 의원과 연이 닿아 광산구 노인복지관장을 맡게 됐다.

강 고문은 이 대통령이 경기지사이던 2019년부터 3년간 경기도 산하 기관인 경기도농수산진흥원 원장을 했다. 강 고문의 이력을 보고받은 이 대통령이 그를 직접 스카우트한 것으로 알려졌다. 이 대통령의 주요 정책 중 하나였던 기본소득을 경기 연천군 청산면에서 추진했다. 2022년 대선 때는 일정 총괄팀장을 지냈다. 후보의 유세 일정을 총괄하는 캠프 내 요직이다.

강 고문은 친명계 원외 조직인 더민주전국혁신회의 공동대표를 지냈다. 21대 국회에서 이 대통령에 대한 체포동의안이 가결되자 강성 당원을 등에 업고 비명(비이재명)계를 강하게 비판하는 과정에서 세를 불렸다. 지난해 4월 22대 총선을 앞두고 혁신회의는 공천 혁신을 요구하는 성명을 냈다. 현역 의원 절반 이상을 물갈이하고, 다선 의원들은 불출마하거나 험지에 출마하라고 요구하는 등 파격적인 안을 제시했다.

당직을 맡은 이력도 있다. 강 고문은 2023년 6월 당대표 직속 기본사회위원회 부위원장으로 임명됐다. 작년 4월 국회의원 선거에 출마하기 전까지는 당대표 특보를 역임했다. 강 고문은 광주 서구갑 출마를 준비했지만, 과거 문제가 논란이 되며 실제 선거를 치르지는 못했다.

강 고문은 원외에 있는 인사 중 이 대통령의 신임을 얻고 있는 인물이라는 평가다. 이 대통령은 지난해 전남 영광군수 등을 뽑는 10·16 재·보궐선거에서 그를 호남지원단장으로 중용했다. 가장 최근에 있었던 전남 담양군수를 뽑는 4·2 재·보궐선거에서는 총괄선대본부장을 지냈다.

김남준 전 당대표 정무조정부실장

출생	1979년 경기 부천
학력	학력 비공개
경력	성남 아름방송 기자, 성남시청 공보실 대변인, 경기 도지사 비서실 언론비서관, 더불어민주당 당대표 정무조정부실장

대체 불가 최측근

김남준 전 더불어민주당 당대표실 정무조정부실장은 이재명 대통령이 성남시장 시절 발탁한 지역 언론인 출신 참모다. 성남시청 대변인, 경기지사 언론비서관과 국회의원 시절 이 대통령의 수석보좌관 등을 지낸 '성남 그룹' 핵심이다. 21대 대통령 선거에서 일정팀 선임팀장을 맡아 이 대통령의 선거 유세 일정을 총괄 조율했다. 2022년 대선에서는 이 대통령의 당내 경선 캠프 대변인을 지냈다. 김 전 부실장은 대체 불가한 '이재명의 입'으로 통한다. 사법 리스크가 불거져 공개적으로 정치 활동을 하지 못하는 정진상 전 정무조정실장, 김용 전 민주연구원 부원장 등 다른 성남 그룹 핵심 라인들과 달리 당의 공식

조직에서 핵심적인 역할을 했다.

김 전 부실장은 이 대통령이 성남시장일 때부터 그를 밀착 보좌해왔다. 대권으로 향하는 이 대통령의 지방자치단체 정치 여정에 늘 함께했기 때문에 누구보다 이 대통령의 생각을 잘 아는 인물로 꼽힌다. 이 대통령이 "이재명의 생각을 들으려면 누구한테 물으면 되냐"는 질문을 받자 김 전 부실장을 언급했다는 일화는 유명하다. 그만큼 '이심전심'이라는 의미다.

공식 직책을 갖고 이 대통령을 가까운 거리에서 보좌해왔지만 본인이 전면에 드러나는 일은 거의 없었다. 손에 꼽히는 공개 활동은 성남시청 대변인 때다. 지난 2014년 16명의 사망 사고가 난 경기 판교 환풍구 붕괴 사고 때 김 전 부실장이 성남시청 대변인이었다. 이때 이 대통령이 김 전 부실장의 침착한 언론 대응 방식을 높게 평가한 것으로 알려졌다. 이는 김 전 부실장이 이 대통령으로부터 공보 등 소통 업무 능력을 인정받는 결정적 계기가 됐다고 한다.

이 대통령의 핵심 참모지만 '예스맨'은 아니다. 이 대통령이 2022년 대선 패배 직후 열린 인천 계양을 보궐선거 출마를 고민할 때 김 전 부실장은 반대 의견을 냈다고 한다. 하지만 이 대통령이 인천 계양을 출마를 결심하자 김 전 부실장은 캠프 대변인을 맡아 당선을 도왔다. "반대 의견을 냈더라도 일단 결정이 났다면 판단한 대로 따르는 게 맞다"는 게 김 전 부실장의 생각이었다. 이 대통령 선거를 돕는 과정에서 상대 후보를 향해 '가짜 계양사람'이라는 논평을 냈다가 공직선거법상 허위사실 공표 혐의로 기소됐지만, 1·2심은 물론 대법원에서도 최종 무죄 판결을 받았다.

이 대통령이 인천 계양을에서 당선돼 국회로 들어오면서 김 전 부실장을 의원실 수석보좌관으로 불러들였다. 이후 이 대통령이 당대표가 되자 정무조정부실장으로 이동했다. 이 대통령이 김 전 부실장을 신임하고 중용하는 이유는 '자기 정치하는 사람'이 아니어서라는 게 주변의 평가다. 김 전 부실장은 언론과 만나서도 철저히 이 대통령의 입장과 상황에서 모든 걸 설명한다. 민주당 한 인사는 "측근이라고 하던 사람들도 결국 자기 정치를 하며 총선에 출마하거나 떠나기 마련"이라며 "그럼에도 김 전 부실장은 정치 욕심을 내지 않고 이 대통령을 보좌한 인물"이라고 했다.

김락중 보좌관

출생 1967년

학력 성일고-건국대

경력 성남일보 기자, 성남시 공약담당 비서관, 경기도 정책보좌관, 이재명 의원실 선임비서관, 21대 대선 민주당 선대위 정책본부 전략기획팀 선임팀장

20년 넘은 인연 '李의 숨은 핵심 참모'

김락중 보좌관은 이재명 대통령의 정책을 챙기는 실무진이다. 성남시청, 경기도청 그리고 국회 의원실까지 이 대통령을 지근거리에서 보좌해왔다. 21대 대선 선대위에서는 정책본부 전략기획팀 선임팀장을 맡았다.

김 보좌관은 2001년 성남의 지역신문인 성남일보에서 기자 생활을 시작했다. 성남을 전담하는 언론이 드물던 당시 그는 지역 곳곳을 누비며 취재했다. 성남 분당 파크뷰 특혜 분양 사건 당시 취재기자와 취재원으로 이 대통령을 만났다. 이 대통령은 성남에서 시민운동을 하던 변호사로 명성을 떨쳤다. 2002년 5월 기자였던 김 보좌관은 백궁정자지구 부당용도변경 공동대책위원회 집행위원장인 이 대통령과 인터뷰했다. 기자와 취재원 인물이 정치인과 보좌진으로 발전해 20년 이상 관계의 끈이 이어졌다.

지역 기자 생활을 하던 김 보좌관은 성남시청 비서관으로 합류했다. 공보비서관, 공약담당 비서관 등을 거치며 이 대통령의 대표 정책인 기본소득을 실무에서 뒷받침했다. 이 대통령의 최측근으로 통하는 정진상 당시 성남시 정책실장을 도와 청년배당·무상 산후조리·무상교복 지원을 실현하는 데 앞장섰다. '3대 무상복지'로 불리는 이 정책은 이 대통령의 대표 공약이었다. 성남에서 성공적으로 정책 효과를 거두면서 이 대통령은 전국구 스타로 자리매김하게 됐다.

김 보좌관은 2018년부터는 경기도지사가 된 이 대통령과 함께 경기도청으로 자리를 옮겼다. 경기지사 선거를 치를 때 정책 공약인 '새로운 경기, 이재명의 약속'을 도민에게 제시한 것도 김 보좌관의 역할이 컸다. 이 대통령은 경기지사 시절 '기본소득 박람회'를 개최했다. 성남시에서 시작한 기본소득은 경기도로 뻗어나갔다.

이러한 과정에서 실무 최전선에서 작업을 주도했던 인물이 김 보좌관이다. 그는 2019년 5월 이 후보의 직권남용·공직선거법 위반 혐의가 1심 무죄를 선고받자, 자신의 페이스북에 "도민들의 행복과 삶의 질 향상, 경기도 행정이 대한민국의 표

본이 되는 그날까지 더욱더 분발할 일만 남았다"고 적었다. 그의 페이스북은 사적인 내용 대신 성남시, 경기도에서의 이 대통령의 성과를 소개하는 데 대부분 할애됐다.

2017년 이 대통령이 첫 대선 도전할 때부터 2022년 대선 그리고 2025년 삼수생에 이르기까지 김 보좌관은 근거리에서 묵묵히 정책 설계를 보조했다는 평가를 받는다.

김병욱 전 더불어민주당 의원

출생 1965년 경남 산청

학력 배정고-한양대 법대

경력 한국증권업협회(현 금융투자협회) 쌍용그룹 근무,
20·21대 국회의원 및 국회 정무위원회 간사, 19대
대선 이재명 후보 캠프 대변인, 20대 대선 이재명
후보 캠프 총괄선거대책본부 부본부장

'친명 7인회' 구심점

김병욱 전 더불어민주당 의원은 이재명 대통령의 측근 그룹
인 7인회 멤버다. 20대·21대 재선 의원을 지냈고 국회 정무위
원회 간사, 민주당 자본시장특별위원회 위원장 등을 지냈다.
선거 과정에서 금융·자본시장위원회 위원장을 했다.

김 전 의원은 이 대통령과 경기도 성남에서부터 인연을 맺
었다. 이 대통령이 경기도 성남에서 시민사회운동을 할 때다.
이 대통령의 성남시장, 경기도지사 시절 시정과 도정에 직접
참여하지는 않았지만, 명실공히 '성남시·경기도 그룹' 핵심으
로 통한다.

김 전 의원은 이 대통령이 변방의 지역 정치인일 때부터 그

를 도왔다. 힘든 시절을 함께 겪었기 때문에 끈끈할 수밖에 없다. 이 대통령이 2010년 민선 5기 성남시장에 처음 당선됐을 때 김 전 의원이 그의 선거대책위원회 위원장이었다. 이는 이 대통령과 김 전 의원이 '정치적 동지'가 된 직접적 계기다.

이후 김 전 의원은 민주당 경기도당 성남 분당을 지역위원장을 지냈고, 2016년 20대 총선에 출마해 당선됐다. 당시 이 대통령은 민선 6기 재선 성남시장이었다. 이 대통령은 성남시장으로, 김 전 의원은 지역구 국회의원으로 활동하면서 호흡을 맞췄다.

김 전 의원과 이 대통령의 정치적 동행은 이후에도 이어졌다. 대표적인 게 2017년 19대 대선이다. 박근혜 대통령 탄핵으로 치러진 조기 대선에서 이 대통령이 문재인·안희정 두 후보와 함께 대선 경선에 출마하자 당시 초선이었던 김 전 의원은 이 대통령 경선 캠프 대변인을 했다. 이 대통령이 아직은 중앙 정치 무대에 잘 알려지지 않았던 시기다. 그런 만큼 이름 있는 정치인들은 이 대통령 캠프에 좀처럼 합류하지 않았던 시절이다. 당시 총괄선대본부장이 '친명계 좌장'으로 꼽히는 정성호 의원이다.

김 전 의원은 원래 손학규계 인사다. 손학규 전 대표가 정계 은퇴를 선언하고 전남 강진에 칩거 중이던 2016년 20대 총선 때 김 전 의원 선거 사무소에 직접 참석해 지원했을 정도다. 손

전 대표가 민주당을 탈당할 때 김 전 의원은 동반 탈당하지 않고 당에 남았다.

김 전 의원은 민주당 내에서 기업과 시장을 잘 이해하는 인사로 꼽힌다. 금융투자협회(옛 한국증권업협회)에서 코스닥시장 설립 때 실무 과장으로 일한 경험이 있다. 쌍용그룹에서도 근무했다. 21대 국회 때 당내 '글로벌 기업 국제경쟁력 강화 의원 모임'을 주도했다.

김 전 의원은 모임에서 "민주당이 공정의 관점에만 머무르지 않고 대기업 경쟁력 제고 관점에서 기업을 지원하고 강화하기 위한 이슈를 선점하고, 구체적인 계획을 만들어가야 한다"고 주장했다. "민주당이 반(反)기업적 사고에서 벗어나야 한다"며 오너 경영의 중요성을 강조하기도 했다. 김 전 의원은 자신이 상임집행위원을 지내기도 한 경제정의실천시민연합(경실련)으로부터 공개 비판을 받기도 했다.

김상호 선대위 총괄특보단 언론보좌관

출생 경남 진주

학력 서울대 사범대

경력 동아일보 기자, 미래를소유한사람들 대표, 경기도 콘텐츠진흥원 본부장·원장 직무대행(이재명 도정), 20대 이재명 대선 경선 후보 선대위 수석특보, 이재명 대표 공보특보단장, 21대 대선 민주당 선대위 언론보좌관

공보 네트워크의 중심

김상호 언론보좌관은 신문기자 출신의 공보 참모다. 이재명 대통령 공보 네트워크의 핵심이라는 평가를 받는다. 주요 선거 때마다 이재명 캠프 명단에 이름을 올렸다. 이번 대선에서는 선대위 총괄특보단 소속 언론보좌관으로 언론 대응 역할을 했다.

경남 진주 출신인 김 보좌관은 서울대 사범대를 졸업했다. 14년간 동아일보 사회부와 스포츠레저부 등에서 취재 활동을 했다. 2005년 기자 생활을 접은 이후에는 교육 출판업에 몸담았다. 출판사 '미래를소유한사람들'의 대표를 지냈다. 이때 아빠와 함께하는 행복한 글쓰기》,《슈퍼땅콩 김미현, 난 절대 지지 않아》(공저)등의 책을 내기도 했다. 골프 레슨 자격이 있다.

김 보좌관은 이 대통령이 경기도지사이던 2019년 경기콘텐츠진흥원 경영지원본부장에 임명됐다. 이후 원장 직무대행까지 지냈다. 이 대통령이 2022년 대선에 도전할 때 김용 전 민주연구 부원장, 정진상 전 민주당 당대표 정무조정실장 등 이 대통령의 성남시·경기도 라인의 핵심 측근들과 함께 지원에 나섰다. 이때 김 보좌관은 이 대통령 경선 캠프에 합류해 수석특보를 지냈다. 김남준 전 당대표 정무조정부실장과 함께 언론 대응과 논평 작성 등을 전담했다.

이 대통령이 당대표로 당권을 장악한 2023년에는 공보특보단장에 임명됐다. 한 민주당 관계자는 "정진상, 김용, 김남준 같은 성남시·경기도 핵심 인맥과 두루 알고 지내며 이 대통령과도 가깝게 지내는 것으로 안다"고 했다.

김 보좌관은 물밑에서 이 대통령의 의중을 주변에 전달하는 복심으로 평가받는다. 당 안팎에선 김 보좌관이 향후 이 대통령과 민주당 의원 사이의 가교 역할을 하는 키맨이 될 수 있다고 전망한다. 한 민주당 초선 의원은 "전면에 나서기보다는 이 대통령의 의중을 파악해 당 내부에 전달하는 등의 방식으로 공보 전략을 담당할 가능성이 크다"고 예상했다.

김영진 더불어민주당 의원

출생	1967년 충남 예산
학력	유신고–중앙대 경영학과
경력	20·21·22대 국회의원, 더불어민주당 전략기획위원장, 당대표 정무조정실장, 21대 대선 민주당 선대위 정무실장

"李, 설탕만 먹으면 이 다 썩는다"

김영진 더불어민주당 의원은 '원조 친명', '찐명(진짜 친명)'으로 불린다. 21대 대통령 선거에서 민주당 선대위 정무실장을 맡았다.

김 의원은 이재명 대통령과 같은 중앙대 출신이다. 이 대통령은 법학과 82학번, 김 의원은 경영학과 86학번이다. 학교 다닐 땐 서로 몰랐다고 한다.

김 의원의 이력만 놓고 보면 친명계보다는 86운동권이 주류인 친문계 쪽에 더 가깝다는 평가가 많다. 김 의원은 중앙대 총학생회장을 지냈다. 오랜 기간 민주당 주류였던 친문·86그룹과 공통분모가 더 많다.

하지만 김 의원은 박근혜 전 대통령 탄핵으로 치러진 지난 2017년 대선에서 대세였던 문재인 후보가 아닌 철저히 비주류였던 이 대통령 편에 섰다. 이때 이 대통령 캠프에 참여했던 현역 의원은 '친명계 좌장'인 정성호 의원과 김병욱 의원, 그리고 김영진 의원 등 다섯 명 정도다. 정치권 한 인사는 "정치인이라면 정치 인생을 걸고 한 번 베팅해야 하는 상황이 오는데, 김 의원 상황에서는 친명을 선택한 게 그 순간일 것"이라고 했다.

김 의원이 당시 문재인 후보가 아닌 이 대통령을 도왔던 건 2010년 성남시장 선거 때의 인연이 작용했다는 얘기가 있다. 한 인사는 "김 의원이 김진표 전 국회의장 보좌관 출신인데, 보좌관일 때 이 대통령 캠프에서 실무 업무를 하며 당선을 도왔고, 그때 인연이 현재까지 이어지는 것으로 안다"고 했다. 이때 이 대통령의 성남시장 당선을 도왔던 게 원외 인사였던 김병욱 의원 등이다. 김 의원을 잘 아는 한 인사는 "김 의원은 운동권 출신이지만 '비문(非文)'에 가까웠다"고 했다.

김 의원은 '자타공인' 이 대통령의 측근임에도 그를 향해 쓴소리를 마다하지 않는다. 공개적으로도 한다. 정치권에서 회자되는 대표적 사례는 두 가지다.

민주당이 지난해 국회의장과 원내대표 선거에 권리당원 투표를 20% 반영하는 당헌·당규 개정안을 통과시키려고 하자, 김 의원이 의원총회에서 공개적으로 반기를 들었다. 직접민주주의를 강조했던 이 대통령의 의중이 반영된 당헌·당규 개정 추진이었음에도 반대 입장을 낸 것이다.

당시 김 의원은 한 매체와의 인터뷰에서 "이재명 대표가 계속 '설탕(감언이설)'만 먹고 있다면 이빨이 다 썩을 수 있다"고 했다. 이 대통령이 당대표 신분으로 대표 연임에 도전할 때도 "연임을 하려면 대표직을 사퇴해야 한다. (그렇지 않으면) 사전선거운동을 하는 것이다"고 했다. "이재명을 위한 충정"이라는 얘기가 주변에서 나왔다. 김 의원은 이 대통령이 2022년 대선에서 윤석열 전 대통령에게 패한 직후 인천 계양을 보궐선거 출마를 고민할 때도 말렸다고 한다.

김 의원의 이 같은 '레드팀' 역할은 이 대통령의 정치적 기반을 더욱 공고하게 하는 작용을 한다. 원조 친명인 김 의원이 이 대통령의 판단을 공개적으로 비판하는 것이 '분란의 방파제'가 된다는 것이다. 친명계 핵심이 반론을 제기하면, '이재명 일극 체제'의 민주당이 아닌 '다극 체제'라는 점을 보여줄 수 있다는 점도 이 대통령으로서는 정치적 이익이다.

김 의원은 국회 행정안전위원회, 국토교통위원회, 환경노동위원회, 기획재정위원회 등 주요 상임위원회를 두루 거쳤다. 환경노동위원회 간사였던 2023년엔 '노동조합 및 노동관계조정법 2·3조 개정안(일명 노란봉투법)'에 대해 "진짜 시장교섭법이자 산업현장평화보장법"이라고 주장했다. "무분별한 파업이 늘어날 것"이라는 재계의 반발에 대해선 한 매체와의 인터뷰에서 "한국의 노조 조직률은 11~12%밖에 되지 않아 과도한 우려"라고 일축했다.

김 의원은 본회의, 소위원회 출석률이 높은 성실한 의원으로 통한다. 의원실에도 새벽부터 출근해 여느 보좌진보다 빨리 업무에 임한다. 이런 성품은 상임위 중심의 상시 국회 체제를 지향하는 '일하는 국회법'으로 이어졌다. 정치권 관계자는 "지역 현안을 챙기면서 여의도에서 의정 활동까지 성실하게 하는 의원이 드문데, 김 의원은 시간을 쪼개 둘을 모두 챙기는 스타일"이라고 말했다.

김 의원은 충남 예산이 고향이지만, 어릴 때 수원으로 이사해 오래 거주하고 있다. 경기 수원병에서 20대 국회부터 22대까지 3선을 지낼 수 있었던 배경이다. 20대 총선 전까지만 해도 수원병은 민주당 불모지였다. 남경필 전 경기도지사 부자(父子)의 텃밭이었다. 그런 지역구에서 승리한 김 의원은 '지역 밀착형' 행정으로 수원병을 민주당 텃밭으로 일궜다. 김 의원은 동네 김장터를 돌며 서너 시간씩 김장하는 등 지역 행사에 진심으로 참여한다. 자타공인 '김장의 달인'으로 불릴 정도다.

김용 전 민주연구원 부원장

출생 1966년 서울

학력 대성고-연세대 신학과

경력 성남시의원, 경기도청 대변인, 민주연구원 부원장

'내 분신 같은 사람'으로 불린 최측근

김용 전 민주연구원 부원장은 이재명 대통령의 복심이다. 이 대통령과 오랜 시간을 함께 보낸 성남시·경기도 인맥 중에서도 핵심 인물로 꼽힌다.

김 전 부원장은 2010년 성남시의원에 당선돼 두 차례 시의원을 지냈다. 이 대통령이 성남시장으로 처음 지방자치 행정에 나섰을 때 김 전 부원장이 시의원으로 정치 여정을 함께 시작했다. 시의원이 되기 전에는 분당 리모델링추진연합회 회장을 맡아 지역 현안 해결에 앞장서왔다. 새바람성남시민회의 운영위원을 하는 등 지역 시민사회에서도 일했다.

지역에서 활동하던 김 전 부원장을 정계로 끌어들인 게 이 대통령이다. 이 대통령은 과거 김 전 부원장에 대해 "내가 (정치권으로) 차출했다"며 "지역에서 조합 활동을 하는 것보다 나랑 시정을 해보는 게 본인과 지역민에게 나을 것"이라며 시의원 출마를 설득했다고 한다.

이 대통령은 김 전 부원장을 "내 분신과도 같은 사람"이라며 "잘 쓰면 좋은 성과를 낼 수 있는 좋은 도구"라고 평가하기도 했다. '도구'라는 말은 이 대통령이 대선 캠페인 기간에 늘 강조했던 단어로, 자신을 '국민이 쓰는 충직한 도구'로 표현했다. 이를 김 전 부원장에게도 썼다는 건 이 대통령이 김 전 부원장의 능력과 자질을 얼마나 높게 평가하는지 잘 보여주는 대목이다. 이 대통령은 과거 "측근이라면 정진상, 김용 정도는 돼야 하지 않나"고도 했다.

김 전 부원장은 이 대통령이 경기도지사가 됐을 때 경기도지사직 인수위 대변인, 경기도 초대 대변인을 지냈다. 닥터헬기 도입, 경기지역화폐 등 이 대통령의 민선 7기 도정에 핵심적인 역할을 했다. 경기도 경제과학진흥원 이사를 지내기도 했다.

2020년 21대 '4·15 총선' 때 이 대통령이 지역위원장을 했던 성남 분당갑에 출마했지만, 그 지역 현역이던 같은 당 김병관 의원에게 경선에서 패해 출마 기회를 얻지 못했다.

이후 정치적 위기가 찾아왔다. 검찰은 대장동 민간업자들로부터 억대의 불법 정치자금 및 뇌물 수수 혐의로 김 전 부원장을 재판에 넘겼다. 1심에서 징역 5년 벌금 7,000만 원을 선고받았고, 지난 2월 2심에서도 형량이 유지되며 서울구치소에 법정구속됐다. 김 전 부원장은 구속 이후 SNS에 검찰의 부당한 기소와 재판부의 유죄 판단을 비판하는 글을 올리고 있다. 김 전 부원장은 글에서 "사법부의 성찰과 개혁을 고대한다"고 썼다.

김현지 보좌관

출생	비공개
학력	비공개
경력	성남시민모임·성남의제21실천협의회 사무국장, 경기도청 비서실 비서관(이재명 도정), 21·22대 이재명 의원실 보좌관

"의원님, 전쟁입니다" 문자 날린 성남파 핵심

김현지 보좌관은 이재명 대통령의 측근 그룹인 성남 라인 중에서도 핵심 인물이다. 일반 대중에는 덜 알려졌지만, 이 대통령이 "김 보좌관의 조언은 새겨듣는다"고 할 정도로 강력한 신임을 받는 것으로 알려져 있다.

이 대통령과 김 보좌관의 인연은 2000년대 초반으로 거슬러 올라간다. 김 보좌관이 대학 졸업 직후 이 대통령이 1995년 창립한 시민단체 성남시민모임에 참여하면서다. 이 시민단체가 성남참여자치시민연대로 이름을 바꾼 이후에도 사무국장으로 활동하며 이 대통령과 인연을 쌓았다. 이 대통령이 추진해온 성남시립병원 건립에도 앞장섰다.

이 대통령이 2010년 성남시장에 당선되자 김 보좌관은 인수위원회 간사로 활동했다. 이후 2011년부터 7년간 성남시 지원을 받는 비영리단체 '성남의제21 실천협의회' 사무국장으로 일했다.

2013년엔 당시 새누리당 소속 성남시 의원들을 비난하는 내용을 담은 문자메시지 3만 3,000개를 보낸 혐의로 벌금 200만 원에 약식기소를 당하기도 했다. 김 보좌관은 재판을 거쳐 최종적으로 벌금 150만 원 형을 선고받았다. 재판 과정에선 이 대통령이 몸담았던 법무법인 새길 소속 변호인단의 도움을 받았다.

김 보좌관의 존재가 본격적으로 중앙 정치 무대에 알려지기 시작한 건 2018년 이 대통령이 경기도지사에 당선되면서다. 김 보좌관은 경기도청 비서실 비서관으로 발탁돼 이 대통령과 함께했다. 김 보좌관은 정진상 민주당 전 당대표실 정무조정실장과 이 대통령 관련 정무 업무 전반을 담당했다. 2021년 이 대통령이 20대 대통령 선거 출마를 공식화하자 김 보좌관도 비서실에서 나와 대선 캠프에 합류했다.

대선에서 윤석열 대통령에 패한 이 대통령이 2022년 6월 인천 계양을 보궐선거에서 승리하자 김 보좌관도 21대 국회에 보좌관으로 들어왔다. 김 보좌관은 의원실에서도 외부 노출을 최소화하며 '그림자 지원'을 이어갔다.

김 보좌관이 다시 시선을 끈 건 같은 해 대장동 사건과 관련해 이 대통령과 주고받은 문자가 언론에 노출되면서다. 김 보좌관이 이 대통령에게 "백현동 허위사실공표, 대장동 개발 관련 허위사실공표, 김문기를 모른다고 한 것과 관련한 출석요구서가 방금 왔습니다. 전쟁입니다"라고 보낸 문자메시지가 언론사 카메라에 포착돼 보도됐다.

이듬해엔 이 대통령의 재판 증인으로 참석하기도 했다. 당시 검사가 이 대통령에게 문자를 보낸 배경에 대해 묻자 김 보좌관은 "대답할 필요가 있냐"며 "통화 내용이 기억나지 않는다"고 주장했다.

모경종 더불어민주당 의원

출생 1989년 광주광역시

학력 전주 상산고-연세대 독어독문학과

경력 경기지사 청년비서관(이재명 도정), 20대 대선 이재
명 후보 수행비서, 이재명 국회의원 비서관, 당대표
비서실 차장, 22대 국회의원

106대 1 경쟁률 뚫은 '이재명 키즈'

모경종 더불어민주당 의원은 '106대 1'의 경쟁률을 뚫고 이재
명 대통령에게 직접 발탁된 청년 정치인이다. 2019년부터 지
근거리에서 이 대통령을 수행한 측근이다.

모 의원은 전주 상산고를 나와 연세대 독어독문학과를 졸업
했다. 학창 시절부터 활발하고 리더십이 있었다고 한다. 대학
교에 들어가서는 행정고시로 공무원의 길을 걷고자 했다. 4년
동안 고시 공부에 몰두했지만, 목표를 이루진 못했다. 그러던
중 당시 경기도가 냈던 채용 공고가 그의 눈에 들어왔다.

2019년 경기도지사였던 이 대통령은 '청년 정책 비서관(지
방별정직 5급)' 제도를 제안했다. 학력, 경력 등 제한 없이 누구

나 3쪽짜리 정책제안서를 제출하는 '블라인드' 전형이었다. 모 의원은 고시 공부를 통해 쌓은 내공 덕분에 정책을 기획하는 일은 자신 있었다고 한다. 그는 정책 발표와 심층 면접을 거쳐 청년 비서관으로 채용됐다. 경쟁률은 무려 106대 1에 달했다.

지난 20대 대선에선 이 대통령의 수행비서를 했다. 이 대통령이 2022년 국회에 입성한 이후엔 의원실 비서관으로, 당권을 잡은 뒤에는 당대표 비서실 차장으로 일했다. 이 대통령 지지자들 사이에선 '모비' '모좌관' 등의 별명으로 불렸다. 이 대통령이 2023년 체포동의안 표결을 앞두고 단식 투쟁을 할 때 구급차를 부른 것도 모 의원으로 알려져 있다.

모 의원은 그해 10월 결혼했는데, 이 대통령이 4주간의 단식 투쟁 후 당무에 복귀한 지 며칠 되지 않았음에도 모 의원 결혼식에 직접 참석했을 정도로 사이가 각별하다.

모 의원이 국회의원 출마를 결심한 건 2024년 1월 이 대통령 부산 피습 사건이 결정적이었다. 그해 4월 22대 총선에서 인천 서구병 국회의원이 됐다. 인천 서구병은 2020년부터 아파트 단지 입주가 시작된 검단신도시가 있는 지역이다. 지난 2024년 선거 때 선거구가 신설됐다. 모 의원은 현역이었던 재선 신동근 전 의원을 경선에서 누르고 공천권을 따내는 이변을 일으켰다.

민주당 청년 정치의 중심에 있는 모 의원은 이번 대선 선대위에선 청년본부장으로 실력 발휘를 하고 있다. 청년본부는 청년이 정책을 직접 리뷰하는 온라인 공간 '블루퀘스트'를 만들었고, 청년이 참여하는 연금개혁 토론회 등을 주도했다. 지난 5월 9일 한 청년단체와 진행한 정책간담회에서 모 의원은 "청년 정책을 시행할 수 있는 전담 부처 신설 제안을 준비 중"이라고 밝혔다.

문진석 더불어민주당 의원

출생	1962년 전남 장흥
학력	풍생고–중앙대 정치외교학과, 와세다대학 정치학 수료, 고려대 행정학 석사, 서울과기대 환경공학 박사
경력	양승조 충남도지사 비서실장, 21·22대 국회의원, 국회 국토교통위원회 간사, 21대 대선 민주당 선대위 조직본부 수석부본부장

중앙대 82학번 동기, 7인회 멤버

문진석 더불어민주당 의원은 사업가 출신 재선 의원이다. 이재명 대통령의 측근 그룹인 7인회 멤버다.

문 의원은 이 대통령과 같은 중앙대 82학번이다. 대학 때 처음 인연을 맺은 것으로 알려져 있다. 이 대통령은 법학과, 문 의원은 정치외교학과를 나왔다.

이 대통령과 문 의원은 그 누구보다 춥고 배고픈 어린 시절을 겪은 공통점이 있다. 가난 때문에 중·고등학교 진학은 엄두도 내지 못했던 문 의원은 직업훈련원을 마치고 공장에서 일했다. 여기서 감전 사고를 겪으면서 진학을 꿈꿨다고 한다.

문 의원은 이 대통령의 '제2의 고향'이자 힘겨웠던 유년 시절을 보낸 성남시 풍생고를 나왔다. '가난했던 성남'이라는 공통분모는 둘의 정치적 지향점을 공유하게 하는 중요한 요소다. 이 대통령은 지난 대선 출사표로 '억강부약(抑强扶弱, 강자를 누르고 약자를 돕는다)'을 내걸었고, 문 의원은 불평등 해소가 의정활동의 주된 지향점이다.

문 의원은 형제들과 천안에 폐기물 처리업체를 차려 악착같이 일해 성공을 거뒀고, 먹고사는 문제가 어느 정도 해결되자 비로소 현실 정치에 관심을 두기 시작했다. 박근혜 전 대통령이 당선된 2012년 18대 대선 때 문재인 후보 선대위에서 충남시민캠프 대표를 맡았다. 이후 천정배 당시 국민의당 의원 권유로 2016년 국민의당으로 당적으로 옮겼다. 2017년 19대 '탄핵 대선'에서는 안철수 후보 선대위 국민소통실장을 맡기도 했다.

이 대통령과 본격적으로 정치 행보를 함께하게 된 건 2022년 20대 대선 때다. 문 의원은 지역구(천안갑) 선배인 양승조 충남지사가 당내 대선 예비 경선에서 고배를 마시자, 이 대통령 대선 캠프에 합류했다. 이때 선대위 공동상황실장을 했다. 이 대통령이 20대 대선에서 윤석열 대통령에게 패한 후 전당대회에 출마해 당대표가 되자 핵심 당직인 전략기획위원장에 문 의원을 임명했다.

문 의원은 이 대통령에게 격의 없이 조언하는 인물이기도

하다. 여의도 중앙정치 무대에 익숙하지 않던 이 대통령에게 "의원들에게 먼저 손을 내밀라"고 조언한 게 문 의원이다. 지방자치단체에서 직업 공무원들과 일하는 데 익숙했던 이 대통령에게 적극적으로 의원들과 스킨십하라고 조언한 것이다.

문 의원은 현재 충남도당위원장으로 철저히 지역 밀착형 선거 지원을 하고 있다. 선대위 조직본부 수석부본부장이기도 하다. 국회 국토교통위원회 간사로 주요 부동산·교통 법안 심사 조율 책임을 지고 있다. 한 정치권 인사는 "국민의힘 의원들과 격의 없이 소통하고 어울리는 민주당 의원 중 하나"라며 "국민의힘 주장이라도 합리적 의견이라면 과감하게 수용할 건 하고 받을 건 받는 스타일"이라고 했다.

안태준 더불어민주당 의원

출생 1969년 전북 고창

학력 상산고–고려대 불문과

경력 성남산업진흥재단 이사, 경기주택도시공사 사장
직무대행, 22대 국회의원, 이재명 당대표 정무특보

성남·경기 … 李 지자체마다 중용

안태준 더불어민주당 의원은 이재명 대통령의 대표적인 성남
시·경기도 인맥으로 분류된다. 이 대통령이 지방자치단체장
시절 산하 기관에 안 의원을 끌어와 '찐명'으로도 불린다. 지난
해 22대 총선 직전 당 대변인으로 임명됐다.

안 의원은 이 대통령이 성남시장이던 2013년부터 약 3년간
성남산업진흥재단(현 성남산업진흥원) 이사를 지냈다. 성남시가
출연한 진흥원은 중소벤처기업을 지원하는 시(市) 산하 기관
이다. 이 대통령이 경기도지사일 때는 경기주택도시공사(GH)
에 몸담았다. 하남도시개발공사의 자회사이자 시행사인 하남
마블링시티개발의 대표를 맡던 그는 2019년 경기주택도시공

사 북부본부장으로 임명됐다.

이후 경기주택도시공사에서 균형발전위원장, 사장 직무대행 등 주요 보직을 거쳤다. 당시 경기주택도시공사에서 노후 건축물을 소규모로 정비하는 주택정비사업을 진행한 바도 있다. 부동산 정책과 관련해 잔뼈가 굵다는 평가를 받고 있다. 이 대통령의 부동산 정책에 관해 조언하며 밑그림을 짜는 데 도움을 줬다고 한다.

안 의원은 22대 국회에 입성한 뒤 국회 국토교통위원회에 소속돼 부동산, 건설산업 관련 법안을 다수 발의했다. 지난해 9월엔 건설 현장 점검 권한을 시·도지사와 국토안전관리원에 부여하고, 원인을 조사하는 사고 범위를 일반 건설 사고로 확대하는 내용의 개정안을 내놨다. 정밀 점검이 필요한 고층 건축물에 대한 현장 점검을 제대로 하겠다는 취지다.

안 의원은 또 공공주택 공급을 가속하기 위한 법률 개정안도 발의했다. 지방 도시개발공사가 추진하는 공공주택 사업은 사업비가 500억 원 이상이면 신규 사업 타당성 평가를 받아야 하는데, 이 과정에서 사업 지연이 다수 발생한다는 지적에 따른 것이다. 그가 하남마블링시티개발, 경기주택도시공사 등에서 근무한 이력이 발의에 영향을 미친 것으로 분석된다.

안 의원은 지난해 말 이 대통령 정무특보로 임명됐다. 당시 이 대통령은 안 의원에게 "민주당이 할 일이 많아 정무적 조언을 많이 들어야 하는데, 영역별로 모임도 자주 해주고 필요한 제언을 모아 실시간으로 전달해달라"며 "특보단이 책임지고 레드팀의 역할을 해달라"고 당부했다. 안 의원은 21대 대선 민주당 선대위 조직본부 부본부장을 맡았다.

윤종군 더불어민주당 의원

출생	1972년 충북 음성
학력	안법고—경희대 사학과, 경기대 대학원 직업학 석사·박사
경력	정세균 열린우리당 당대표 비서실 부장, 청와대 연설비서관실 행정관(문재인 정부), 경기도청 정무수석비서관(이재명 도정), 더불어민주당 경기도당 안성시 지역위원장, 22대 국회의원, 더불어민주당 원내대변인, 21대 대선 민주당 선대위 조직본부 부본부장

李 메시지팀장 지낸 친명계 초선

윤종군 더불어민주당 의원은 운동권 출신 초선 의원이다. 이재명 대통령이 경기도지사 시절 정무수석비서관을 했다.

충북 음성 출신인 윤 의원은 경기도 안성에서 자랐다. 경희대 사학과를 졸업한 그는 대학 시절부터 학생운동에 참여한 경력이 있다. 이후 경기대학교 대학원에서 직업학 석사·박사를 마친 뒤 2004년부터 열린우리당에서 당직자로 활동하며 정치에 본격적으로 발을 들였다.

이듬해에는 정세균 당대표 비서실 부장을 맡았고, 2007년 대통합민주신당의 정동영 대통령 후보 비서실 연설팀장으로 일하면서 정치적 입지를 다졌다. 2017년에는 문재인 당시 대통령 후보 국민주권선거대책위원회 비서실 메시지팀장으로 활동하며 선거 전략을 이끌었고, 문재인 정부에서 청와대 연설비서관실 행정관을 지냈다.

이 대통령과 본격적으로 인연을 쌓은 건 이 대통령이 경기도지사이던 2017년 정무 수석비서관을 맡으면서다. 당시 윤 의원은 대선에 출마한 이 대통령 캠프에서 메시지 총괄팀장으로 활동했다. 이 과정에서 이 대통령과 깊은 신뢰를 쌓았고, 그 후에도 긴밀히 협력해온 것으로 알려졌다. 20대 대선 때도 윤 의원은 "이재명 대표는 위기를 기회로 바꾸는 능력을 갖춘 지도자"라고 평가하기도 했다.

윤 의원은 19대 총선에서 경기 안성에 도전장을 내밀었으나 한 차례 낙선했다. 그러나 2024년 22대 총선 때 이 지역구에서 당선되며 배지에 도전한 지 12년 만에 국회에 입성했다. 그러나 중앙당 정치에 관여한 경험이 있고 정치권에서 잔뼈가 굵어 초선임에도 불구하고 빠른 적응력을 보여줬다는 게 민주당 내 평가다. 그는 '이재명 민주당'에서 원내대변인으로 활동하며 당의 공식 입장을 대변하는 역할을 했다.

2025년 21대 대선에서는 이 대통령이 대선에 뛰어들자, 원내대변인을 사퇴하고 캠프 대변인으로 합류했다. 이 대통령의 의중을 알고 적절한 메시지를 낸다는 점에서 또다시 신임받았다는 게 당 안팎의 평가다.

그는 강성 친명 모임인 더민주전국혁신회의 소속 멤버이기도 하다. 다만 자신의 정체성을 '찐명'으로만 규정짓지 않았으면 한다는 의견도 내비쳤다. 윤 의원은 한 언론과의 인터뷰에서 "제 정체성은 민주당인, 정당인"이라며 "민주당 당직자로 출발했고 지도자로 문재인 대통령을 선택했고, 다음으로 이 대표(이 대통령)를 리더로 선택한 것"이라고 강조했다.

이한주 민주연구원 원장

출생 1956년 서울

학력 경복고−서울대 생물학과 및 동대학원 경제학 석·박사

경력 가천대 경제학과 석좌교수, 경기연구원 원장(이재명도정), 더불어민주당 민주연구원장, 21대 대선 민주당 선대위 총괄정책본부장

40년지기 멘토

이한주 더불어민주당 민주연구원 원장은 이재명 대통령의 40년지기 멘토다. 이 대통령이 경기도 성남 인권변호사 시절은 물론 성남시장·경기지사 등 정치 성장 과정에서 늘 함께한 핵심 측근이다. 이 원장은 사석에서도 이 대통령과의 인연을 스스럼없이 얘기한다. 21대 대선에서 선대위 총괄정책본부장을 맡아 공약 수립을 진두지휘했다.

이 원장은 이 대통령의 간판 정책인 기본소득 밑그림을 그린 인물로 가장 잘 알려져 있다. 이 대통령이 사법고시 준비생이던 지난 1986년 처음 인연을 맺었다. 이 원장이 경기도 성남 성남주민교회 등을 통해 지역 시민사회운동 일을 시작할 무렵이다. 당시 이 원장은 가천대(옛 경원대) 경제학과 초임 교수였다.

둘은 경기도 성남 성남주민교회 이해학 목사(이인영 민주당 의원 장인) 주변에서 시민사회 활동을 하면서 처음 만났다. 당시 이 목사가 성남 지역에서 학생운동을 하던 대학생들을 도왔는데, 이 목사 주변에 있던 이 대통령과 이 원장이 자연스레 교류하게 됐다. "이 목사님과 함께 활동하다 보니 이재명이라는 젊은이가 눈에 띄었다"(이 원장 2021년 〈신동아〉 인터뷰). 이후 둘은 시민사회 운동에 함께 몸담았고, 이 대통령이 성남시장, 경기도지사를 지내는 과정에서 완벽한 정치적 동지가 됐다.

이 대통령은 정치인 변신 이후에도 이 원장에게 수시로 정책 조언을 받았다. 이 대통령 성남시장 시절 대표 정책인 '3대 무상복지(무상교복·청년배당·산후조리원)'가 이 원장 작품으로 알려져 있다. 이 원장은 최근 저서 《잘사니즘》(공저)에서 "기본소득을 현실에 도입한 건 성남에서 청년기본소득을 설계한 것이 시초"라고 했다. 이 대통령이 경기도지사가 되자 도(道) 싱크탱크인 경기연구원 원장이 됐다.

막후에서 이 대통령과 함께하던 이 원장이 중앙 정치 무대 전면에 등장한 건 비교적 최근인 2024년 4월이다. 이때는 이 대통령이 이끈 민주당이 22대 4·10 총선에서 압승한 직후다. 이 대통령은 당직 개편을 통해 이 원장을 민주당 싱크탱크인 민주연구원 원장에 전격 임명했다. 민주당이 친명 색채를 강화하는 쪽으로 당직 인사들이 대폭 개편되던 때다. 물밑에서 당에 전해지던 이 원장의 목소리가 주요 당직을 통해 공식적으로 당의 정책에 반영되기 시작한 게 이때부터다. 정치권에서는 "이재명의 차기 대권(2027년)을 위한 밑작업"이라는 평가가 나왔다.

정치권에서는 이 원장이 이재명 정부의 정책 컨트롤타워 역할을 할 정책실장에 기용될 가능성이 있다는 관측이 나온다. 한 민주당 의원은 "이 원장이 민주연구원장을 맡은 이후 당 정책위원회와 정책 소통하는 과정에서 잡음이 없다시피 했다"며 "어떤 형태로든 이 원장이 핵심적인 역할을 할 수밖에 없을 것"이라고 했다.

이 원장은 이 대통령의 간판 정책인 기본사회를 "국민의 모든 기본권을 최대한 보장하는 사회"로 정의한다. 구체적으로는 "모든 국민의 모든 권리를 최대한 보장해 모든 국민의 기본적 삶을 보장함으로써 법 앞의 평등을 실현하고 실질적 자유를 달성하는 사회"라고 본다. 기본사회를 달성하기 위한 핵심가치를 '공정'으로 보는데, 이는 이 대통령이 세 차례의 대선 과정에서 강조한 가치와 일맥상통한다. 이 대통령은 2021년 대선 출마를 선언하면서 공정을 7번, 불공정을 6번 언급했다.

이 대통령이 21대 대선 출마 선언에서 강조한 '국가주도성장론'도 이 원장의 지론과 일치한다. 이 대통령은 출마 선언에서 "정부의 역할이 더 중요한 시대가 다시 도래했다"며 "첨단 산업은 글로벌 기업과 경쟁하려면 초거대 기술력과 자본력이 필요한데, 이는 개별 기업이 감당하기 어렵다"고 했다. 그러면서 국가 지원의 덕을 본 기업의 이익을 많은 사람이 나눌 수 있어야 한다고 강조했다.

이 원장은 경기연구원장이던 지난 2021년 진보 경제학자인 고(故) 변형윤 서울대 교수를 따르는 '학현학파' 연구단체인 서울사회경제연구소 주최 토론회에서 "현재와 같은 시장 경제 상황에서 기업에만 역할을 맡길 수 없다"고 했다.

이 원장은 '지역화폐론자'로 볼 수 있을 정도로 지역화폐 예찬론자이기도 하다. 기본소득을 지역화폐로 실현해야 한다는 생각을 가지고 있다. 그가 경기연구원장이던 2020년 소속 연구원들과 함께 펴낸 《뉴 머니, 지역화폐가 온다》에 지역화폐에 대한 애정이 잘 드러나 있다. 이재명 정부가 출범하면 지역화폐 관련 예산과 각종 확장 사업에 힘이 실릴 것으로 예상되는 이유다.

지역화폐의 핵심은 지역 내에서 창출된 이익이 다른 지역으로 빠져나가지 않고 지역에서 소비되도록 해 지역 소비를 유발한다는 점이다. 지역 소비 활성화를 통해 지역 경기가 선순환하도록 하는 게 지역화폐의 궁극적 목적이다. 국책 연구기관인 조세재정연구원이 지난 2021년 지역화폐의 경제적 효과에 대한 경기연구원의 주장을 비판하는 보고서를 내자 이 대통령이 직접 나서 "근거 없이 정부 정책을 때리는 얼빠진 국책연구기관"이라고 비난하기도 했다.

정성호 더불어민주당 의원

출생 1961년 강원 양구

학력 대신고–서울대 법대

경력 사법시험 28회, 사법연수원 18기, 민변 변호사, 17·19·20·21·22대 국회의원, 국회 기획재정위원장·예산결산특별위원장, 민주당 수석대변인·원내수석부대표, 19대 대선 이재명 후보 총괄선거대책본부장, 20대 대선 이재명 후보 캠프 총괄특보단장, 21대 대선 민주당 선대위 국가인재위원장

명실상부 '친명계 좌장'

정성호 더불어민주당 의원은 '친명계 좌장'으로 불린다. 이 대통령의 측근 그룹인 7인회 멤버이기도 하다. 17·19·20·21·22대 5선 의원을 지냈고 국회 기획재정위원장·예산결산특별위원장, 민주당 수석대변인·원내수석부대표 등을 역임했다.

정 의원은 이 대통령과 사법연수원 동기(18기)다. 사법연수생 1년 차였던 1987년 연수원 내 '비밀조직(Under Circle)'인 '노동법학회'에서 인연을 맺었다. 이 대통령은 당시를 떠올리며 "판·검사가 되려고 생각했는데 연수원 때 저를 꼬신 사람이 정 의원"이라며 "각자 지역을 맡아서 인권운동·시민운동하면서 살아보자고 해서 변호사를 택하게 했다"고 떠올렸다.

둘 사이는 정 의원이 성남지청에서 검사시보를 할 때 퇴근 후 이 대통령과 소주잔을 기울이면서 더 친밀한 관계로 발전했다. 정치를 하는 지금까지 38년째 우정을 이어오고 있다. 이 대통령이 성남 파크뷰 특혜 분양 사건 폭로 과정에서 구속됐을 때, 성남공공의료원 설립 문제 때문에 조례제정이 부결돼 구속 갈림길에 섰을 때 정 의원이 변호인으로 조력했다.

2017년 19대 대선 당내 경선에서 이 대통령 캠프 총괄선거대책본부장을 맡았다. 당시만 해도 이 대통령은 성남시장으로 당내 변방이자 비주류였다. 문재인 정부였던 2017~2022년 친문이 민주당의 주류로 활동하던 때도 꿋꿋하게 친명계 좌장을 맡아 풍파를 견디며 버텨온 인물이 정 의원이다.

이 대통령은 20대 대선 때 경기도 양주 현장 유세에서 "정치적으로 어려울 때 길이 돼주고, 어릴 때 길 못 찾아 헤맬 때 갈 길을 가르쳐 준 사람이 정 의원"이라며 "사람들은 정성호가 이재명계 핵심이라는데, 제가 정성호계 핵심"이라고 강조했다. 정 의원은 "사랑하고 존경하는 친구 이재명이 대통령이 되는 것이 제 정치 인생 마지막 남은 꿈"이라며 "이재명이 대통령이 되면 대한민국이 사람답게 살 수 있는 나라, 국민이 주인이 되는 나라가 될 것"이라고 호소했다.

정 의원은 20대 대선 때 이재명 캠프에서 총괄특보단장을

맡았다. 19대 대선 때와 달리 많은 의원이 이재명 캠프에 들어
오자, 선봉에서 한발 물러섰다. 하지만 거창한 타이틀을 달지
않더라도 정 의원은 이 대통령의 영원한 핵심 측근이다. 사석
에서는 이 대통령이 정 의원에게 '형님'이라고 하고, 중요한 의
사결정 과정에서 고민을 나눈다고 한다. 21대 대선 때는 선대
위에서 국가인재위원장을 맡았다. 이재명 정부에서 일할 주요
인사를 천거하는 핵심적인 역할을 했다.

정 의원에게는 '무적(無敵)의 신사'라는 별명이 있다. 온화하
고 친근한 성품 덕에 주변에 적이 없다는 평가를 받지만, 그의
단단한 몸 때문이라는 농담도 있다. 서울대 법대 재학 때 대학
역도부 주장을 지낸 이색 경력 덕분에 지금까지 몸을 유지하고
있다. 17대 국회 처음 입성 당시 의원 체력 단련실에서 120kg
의 역기를 번쩍 들어 동료 의원들을 놀라게 했다. 3대가 현역 복
무를 마쳐 병무청에서 2024년 병역명문가에 선정됐다.

정 의원은 사법시험 합격 후 민주사회를 위한 변호사모임
(민변) 등에서 활동했다. 경기북부 환경운동연합 공동대표로
활동하던 1999년 새정치국민회의에 입당했다. 2000년 16대
총선 동두천·양주 지역구에 출마했지만 3,000여 표 차이로 고
배를 마셨다. 4년 뒤 열린우리당 소속으로 같은 지역구에 재
도전해 당선됐다. 누군가의 영입으로 정치에 입문하지 않았고
험지였던 양주를 민주당 옥토로 일궈내 정치적 빚이 없다는

평가를 받고 있다.

정 의원은 당내 합리적인 온건파로 분류된다. 대화와 타협, 여야 협치를 주장하는 의회주의자다. 그 덕분에 보수세가 강한 양주에서 5선을 지낼 수 있었다. 그가 기재위원장을 할 때 기재위는 파행을 한 적이 없었다. 예결위원장을 할 때는 예산안을 법정기한 내 통과시켰다. 누구보다 유연하고 여야의 타협과 대화 중재를 해낼 수 있는 능력은 있기 때문이다. 신사적이고 모범적인 의원이 수상하는 '백봉신사상'에 무려 네 차례 선정됐다.

꽃길만 걷진 않았다. 2020년 원내대표에 도전했지만 낙마했고, 2024년에는 국회의장 도전할 의사를 표명했다가 중도 포기했다. 주류에 서 있으려 하지 않고 의원 줄 세우기 등 계파 정치와 거리를 둬서다. 정 의원은 "나는 체질적으로 비주류"라며 "당권이나 권력 가진 사람에 대한 맹목적 거부가 아니라 상식과 합리에 기반해 문제를 지적하려는 자세를 유지하려 노력하고 있다"고 말했다.

그렇더라도 의정활동을 통해 굵직한 발자취를 남겼다. 수출입은행 자본금을 15조 원에서 25조 원으로 늘리는 법안을 대표발의해 K 방산 수출에 숨통을 트이게 한 주역이다. 또 국내 방위산업과 인공지능(AI)을 국가전략기술로 지정해 연구개발(R&D) 투자에 대한 세제 혜택을 주는 내용의 조세특례제한법 개정안도 발의한 바 있다. 정 의원의 안은 현재 신성장·원천기술인 방산과 AI를 국가전략기술로 격상해 R&D 투자에 대한 세제 지원을 확대하는 게 골자다. 현행법은 반도체·2차전지·바이오 기술 등을 국가전략기술로 명시하고 있다. 군부대가 많은 양주를 지역구로 둔 특성과 기획재정위, 국방위에서 잔뼈가 굵은 경험에서 묻어나는 입법 활동들이다.

정 의원은 인생 법안으로 재선 시절 통과시킨 '채무자 회생 및 파산에 관한 법률 일부개정법률안'을 꼽았다. 이 법 덕분에 개인회생 채무변제기간이 5년에서 3년으로 단축돼 과중채무자의 사회·경제적 재기가 수월해졌다.

정진상 전 더불어민주당 당대표 정무조정실장

출생	1968년 부산
학력	부산 브니엘고–경성대 법정대
경력	성남시 총무과 정책실장, 경기도 정책보좌관, 20대 대선 민주당 선대위 후보 비서실 부실장

성남 그룹 핵심, 李의 복심

정진상 전 더불어민주당 당대표 정무조정실장은 이재명 대통령의 복심으로 꼽힌다. 이 대통령이 경기지사 시절인 2021년 "정진상, 김용 정도는 돼야 (측근이라고) 하지 않나"라고 말한 바 있다.

　정 전 실장은 알려진 사실이 많지 않은 '은둔형 정치인'으로 꼽힌다. 이 대통령은 30년 가까이 보좌한 최측근이지만 4급 서기관 이상의 공직은 맡은 적이 없다. 스스로도 '얼굴 없는 보좌'를 자청한다고 한다. 소셜미디어를 거의 하지 않고, 사진도 찾아보기 어렵다. 오해의 소지를 없애기 위해 평소에도 말을 아끼고 통화도 잘 안 하는 것으로 알려져 있다.

성남시나 경기도에서 근무할 때는 매일 같이 출근하는데도 직원들이 그를 잘 모른다는 얘기도 있었다. 성남시 회의록에는 이재명 당시 시장의 수행원에 대한 질의에 윤기천 비서실장이 "별정 6급 정진상 비서관은 분장상에는 의전수행으로 되어 있지만 수행을 공식적으로 하지는 않고"라고 답변한 기록이 있다.

정 전 실장은 부산 브니엘고를 나왔다. 부산 경성대 재학 시절 총학생회 활동을 한 운동권 출신이다. 혁명가 체 게바라를 존경해 '체'라는 가명을 쓰기도 했다. 그는 1995년 전국대학생협의회(전대협) 인사들이 주로 활동하던 성남시에서 당시 이재명 변호사와 처음 인연을 맺었다. 정 전 실장은 2005~2006년 인터넷 언론사의 시민기자로 활동하면서 이재명 대통령의 활동을 담은 기사를 보도했다.

그의 이름이 세간에 거론되기 시작한 건 2010년 이 대통령이 성남시장에 당선되고부터다. 정 전 실장은 시장직 인수위원회 간사를 맡았고, 이어 별정직 6급인 성남시 총무과 정책실장에 임명됐다. 정책실장 자리에서 정책 보좌 등 핵심 역할을 맡았다.

이후 정 전 실장은 이 대통령이 선거에 나갈 때마다 퇴직하고 캠프에서 활동했다. 이 대통령이 경기지사에 당선된 2018년에도 정책비서관을 맡았고, 2021년 대선 때 퇴직했다.

또 2022년 이 대통령이 인천 계양을 국회의원 보궐선거에 나갈 때도 경기도에서 퇴직했으며, 이후 이 대통령이 민주당 대표가 되자 정무조정실장에 기용됐다.

지금은 이 대통령의 성남FC·대장동 사건에서 뇌물수수 등의 혐의로 재판받고 있다. 그는 구속기소가 됐다가 2023년 4월 보석으로 풀려나 불구속 상태에서 재판받고 있다. 법원은 정 전 실장에게 법원이 지정하는 일시장소에 출석, 증거인멸을 하지 않겠다는 서약서 제출, 사건 관련자들과 일체의 연락 및 접촉 금지 등의 조건을 부여했다. 이 때문에 이 대통령과 직접 소통하지는 못하지만, 여전히 막후에서 막강한 영향력을 행사하는 것으로 알려져 있다.

5장

중앙대 동문
그룹

이 재 명 사 람 들

김남국 전 더불어민주당 의원

출생	1982년 광주광역시
학력	광주 살레시오고-중앙대 행정학과, 전남대 법학전문대학원
경력	21대 국회의원, 21대 대선 민주당 선대위 정무부실장

중앙대 그룹 막내

김남국 전 더불어민주당 의원은 이재명 대통령이 아끼는 후배 정치인 중 한 명으로 알려져 있다. 이 대통령과 중앙대 동문이기도 하다. 당내에선 김 전 의원을 '이재명 키즈'로 부르기도 한다.

김 전 의원은 21대 대선에서는 선대위 정무부실장을 맡았다. 지난 대선에선 이 대통령 수행실장과 선대위 온라인소통단장을 맡았다. 21대 국회에서 김 전 의원은 의정활동 내내 이 대통령과 친밀한 관계를 유지했다. 대선 유세 도중 눈물을 쏟는 장면이 화제가 되기도 했다. 김 전 의원은 이번 대선에서도 청년 네트워크를 중심으로 밑바닥 선거운동을 했다.

김 전 의원은 정치 입문 전 변호사 활동 당시《조국 백서》필자로 이름을 알리며 2020년 민주당에 영입됐다. 21대 총선에서 안산시 단원구을 지역구에서 출마해 당선됐다. 당시 김 전 의원이 공천받게 된 계기는 조국 전 법무부 장관 수호를 주장하면서 친문계 세력을 등에 업게 되면서다. 총선 당시 당내에서 조 전 장관에 대해 비판적이었던 금태섭 전 의원의 지역구(서울 강서갑)를 택해 경선에 나가려 했지만, 민주당은 총선이 '조국 대 반(反) 조국' 구도로 흐르는 것을 막기 위해 김 전 의원을 단원구을에 전략공천했다.

국회의원으로 활동하면서는 본격적인 친명계 활동을 이어갔다. 특히 2023년 8월 민주당 전당대회 전후부터는 핵심 친명계 의원으로 부상했다. 이 대통령 측근 그룹인 7인회 멤버이기도 하다. 김 전 의원은 당내 친명 성향 모임이었던 '처럼회' 소속 멤버로도 활동했다.

로스쿨 출신 국회의원이었던 김 전 의원은 여러 공식 석상에서 이 대통령의 사법 리스크 방어에 집중했다. 이 대통령의 강성 지지층을 뜻하는 '개딸(개혁의딸)' 논란 등을 비롯해 이 대통령이 관련된 각종 논란에 대해서도 두둔하는 발언을 주로 했다. 김 전 의원은 이 대통령의 최대 정치적 위기였던 당 체포 동의안 표결 당시 대거 이탈표가 발생한 것과 관련해 한 라디오에서 "여러 명 의원이 '무효나 가결 표를 나눠서 이렇게 해달라'는 전화를 한 통에서, 많게는 세 통까지 받았다"며 비명계 의원들을 직접 겨냥하기도 했다.

이 대통령은 김 전 의원이 2023년 당시 이른바 '코인 보유 논란'에 휘말렸을 당시 깊은 고민에 빠졌다. 김 전 의원은 코인 논란이 불거지자 탈당을 선언했는데, 당시 당대표였던 이 대통령이 김 전 의원을 국회 윤리특별위원회에 제소하거나 김 의원에 대한 복당 불가 원칙을 정하는 데 부정적인 태도를 보인 것으로 알려졌다. 김 전 의원은 지난해 총선 당시 만들어졌던 위성정당인 더불어민주연합에 입당했고, 이후 합당을 거치는 방식으로 민주당에 우회 복당했다.

민주당 관계자는 "코인 논란 때 이 대통령이 당 차원에서 대응할 수밖에 없었고 이후 상당한 부채 의식을 가지고 있는 것으로 안다"고 했다.

김준혁 더불어민주당 의원

출생 1969년 경기 평택

학력 수원 수성고-중앙대 사학과 및 동대학원 석·박사

경력 수원화성 박물관 학예팀장, 한신대 교수, 19대 대선 문재인 후보 선대위 직능본부 문화유산콘텐츠 발전특별위원장, 더불어민주당 경기도당 대변인, 22대 국회의원

3선 원내대표 출신 꺾고 공천권 거머쥔 '다크호스'

김준혁 더불어민주당 의원은 이재명 대통령의 중앙대 인맥으로 통한다. 학사와 석사, 박사 학위를 모두 중앙대에서 취득했다.

경기 수원에서 초·중·고등학교를 졸업한 김 의원은 1993년 중앙대 사학과를 졸업하고 한때 통일운동 단체에서 일했다. 29세에 중앙대 대학원으로 진학, 2007년엔 중앙대에서 박사를 취득했다. 조선 후기를 중점적으로 연구했고, 특히 정조에 대한 관심이 깊다.

김 의원은 이재명 대통령을 역사 속 개혁가에 자주 빗댄다. 2021년에는 《이재명에게 보내는 정조의 편지》를, 2024년 1월 《왜 이재명을 두려워하는가》라는 책을 각각 출판했다.

김 의원은 과거 인터뷰에서 "이 대표가 성남시장이던 시절 처음 만났다"고 밝힌 바 있다. 그는 "이재명 당시 성남시장이 내가 재직하던 한신대에 특강을 왔었다"며 "이 대표는 김영진 민주당 의원과 중앙대 동문이고, 김영진 의원이 두 번의 총선 선대위원장을 맡아가며 특별한 동지 관계를 맺고 있어 이 대표의 정치 철학과 정책을 지지하고 후원해왔다"고 말했다.

김 의원은 이 대통령과 인연이 깊은 '원조 친명' 김영진 의원과 중앙대 재학 시절부터 알고 지낸 것으로 알려져 있다.

김 의원이 현실 정치와 본격적으로 인연을 맺은 것은 2017년이다. 그해 19대 대선에서 김 의원은 문재인 당시 민주당 대선후보의 중앙선대위 직능본부 문화유산 콘텐츠 발전 특별위원장을 맡았다. 2021년엔 대통령 직속 국가균형발전위원회에서 자문위원으로, 2021년 12월엔 민주당 정당혁신추진위원으로 각각 활동했다. 2022년엔 민주당 소속으로 수원시장에 출마했지만, 당내 경선에서 이재준 후보에 자리를 내줬다.

22대 총선에서 원내대표 출신 3선 현역이자 비명계였던 박광온 전 의원을 경선에서 꺾고 공천장을 따내면서 화제가 됐다. 국회에서는 교육위원회에서 활약하고 있다. 초·중·고등학교 정규 과정을 마치지 못한 '학교 밖 청소년'에 대한 교육 지원을 확대하는 내용을 골자로 하는 '학교 밖 청소년 지원에 관한 법률' 개정안을 자신의 의정활동 1호 법안으로 발의했다.

이연희 더불어민주당 의원

출생	1966년 충북 옥천
학력	충북고-중앙대 철학과
경력	22대 국회의원, 민주연구원 상근부원장, 민주당 전략기획위원회 수석부위원장, 21대 대선 민주당 선대위 전략본부 부본부장

민주당의 '정책 아이디어 뱅크'

이연희 더불어민주당 의원은 '중앙대 라인' 친명계 인사로 분류된다. 22대 국회에서 처음 배지를 단 초선 의원이지만, 당내 정책과 전략을 짜는 데 전문가로 꼽힌다. 원외 인사였음에도 지난해 총선 출마 전까지 민주당의 싱크탱크인 민주연구원 상근부원장을 했다.

이 의원은 2000년 젊은 인재로 영입된 이후 정책구상 능력을 인정받아 당내에서 주요 보직을 맡았다. 이 의원은 김태년 당시 원내대표 정무실장으로 '코로나 손실보상법'을 내놓으며 화제가 됐다. 당내에서 '이연희 법'이라고 부를 정도였다. 이재명 민주당 대선후보가 지난해 초 주장한 '출생 기본소득'의 밑그림도 그가 짠 것으로 알려졌다. 이른바 '이재명의 브레인'으로 통하는 건 이런 사례들이 회자되어서다.

이 의원은 민주당에 입당한 지 24년 만인 지난 총선에서 국회의원이 됐다. 3선이자 문재인 정부 문화체육관광부 장관 출신인 도종환 의원을 당내 경선에서 꺾은 뒤 당선되며 이목을 끌었다. 민주당 지지세가 강한 지역이라, 사실상 본선 같은 경선이었다. "실무 입장에서 좋은 아이디어와 정책을 내도 관철이 안 돼 직접 국민에게 보여주고 싶어 출마했다"는 게 그의 심경이다. 이 의원은 당선된 뒤 한 매체와의 인터뷰에서 "저출생 문제, 기후 위기에 대응할 수 있게 대한민국을 설계할 민주당의 정도전 같은 사람이 되고 싶다"고 했다.

이 의원은 지난 1월 '한국판 IRA(인플레이션 감축법)'로 불리는 '조세특례제한법 일부개정법률안'을 대표 발의했다. 현행법에 따르면 배터리 기업은 법인세 감면으로 투자세액공제를 받을 수 있는데, 이를 현금 환급 또는 제3자 양도 등도 가능케 하는 내용이다. 중국 기업에 밀리던 배터리 업계는 적자를 내도 투자세액공제를 수령할 길이 열리는 데 환호했다.

그는 지난해 '지역화폐 활성화법 개정안'을 대표 발의하기도 했다. 지역사랑상품권을 활성화하기 위해 국가 차원의 기본 계획을 수립하고, 3년 주기로 실태 조사를 의무화하자는 내용이다. 지역화폐의 경제 활성화 효과를 입증하기 위한 취지다. 지역화폐를 내수 진작의 주요 수단으로 삼고 있는 이 후보의 공약과 맥을 같이 한다. 이를 포함해 그는 지난해 6월 11일부터 지난 3월까지 총 56개 법안을 대표 발의하는 등 활발한 의정활동을 이어가고 있다.

정을호 더불어민주당 의원

출생	1971년 전북 고창
학력	호남고–중앙대 경영학과
경력	참여연대 운영위원, 민주당 총무조정국장, 민주당 대표비서실 국장, 민주당 전략기획국장, 22대 국회 의원, 21대 대선 민주당 선대위 배우자 비서실장

당직자 출신 '李의 믿을맨'

정을호 더불어민주당 의원은 시민사회 운동가 출신으로, 민주당 당직자를 거쳐 비례대표로 22대 국회에 입성했다. 정무와 전략을 동시에 이해하는 참모로 꼽힌다.

정 의원은 전북 고창에서 태어나 정읍 호남고와 중앙대 경영학과를 졸업했다. 학생운동에 몸담았고, 1994년에는 중앙대 총학생회 사무국장을 했다. 대학 졸업 직전 터진 IMF 사태로 정치에 관심을 두게 됐다. 시민단체 참여연대 일반회원으로 수년간 평화운동을 하면서 정치권으로 한발씩 내디뎠다.

18년간 당직자 생활을 한 그는 정치권에서 잔뼈가 굵은 정치인이다. 민주당 총무조정국에서 당 살림살이와 조직을 도맡았고, 전략기획국장으로 총선 등 주요 선거판에서 당의 나침반 역할을 했다. 당 대표비서실에서도 경험을 쌓았다. 대표 비서실 국장으로 추미애, 이해찬, 이재명 전 당대표를 보좌했다. 2022년 대선 당시 민주당 선대위 상황실 전략기획라인을 총괄하는 실무자로 활약했고, 이후 이재명 당대표 체제 아래에서는 정무특보단 기획특보로 일했다.

정 의원은 지난 2024년 총선에서 비례위성정당인 더불어민주연합 비례대표 14번으로 공천받았다. 조국혁신당의 돌풍으로 인해 선거 직전 여론조사에서 정 의원은 당선권에 든 적이 없었다. 그러나 국민의힘 위성정당인 '국민의미래'의 막판 지지율이 하락하면서 개표 시작 다음 날 오전 10시경 극적으로 당선이 확정됐다.

현재 정 의원은 국회 교육위원회 위원으로 활동하고 있다. 민주당의 원내부대표, 전략기획위원회 수석부위원장 등을 맡았다. 청년 정책에 관심이 많다. 대학 등록금 인상 제한, 취업 후 학자금 대출 부담 경감, 천원의 아침밥 제도 등의 내용이 골자인 '청년희망 3법'을 1호 법안으로 발의했다. 학교 밖 청소년에 대한 진로 교육을 포함하는 '진로교육법 개정안'도 대표 발의했다.

정 의원은 소문난 운동 마니아다. 사무실 한쪽에 턱걸이 봉을 두고 있다. 한 언론 인터뷰에서 그는 22대 국회의원 중 가장 자신있는 것으로 턱걸이를 꼽으며 "12~13개는 기본으로 할 수 있다"고 밝혔다. 그는 매일 새벽 운동으로 하루를 시작하는 것으로 알려졌다.

이번 21대 대통령 선거 경선과 본선 캠프에서는 이재명 대통령의 부인인 김혜경 여사의 비서실장을 했다.

6장

경제·산업계 & 전직 관료 그룹

이 재 명   사 람 들

구윤철 전 국무조정실장

출생	1965년 경북 성주
학력	대구 영신고-서울대 경제학과, 서울대 행정학 석사, 미국 위스콘신대 공공정책학 석사, 중앙대 무역물류학 박사
경력	제32회 행정고시 합격, 대통령실 국정상황실장(노무현 정부), 기획재정부 예산실장, 기획재정부 2차관, 국무조정실장(이상 문재인 정부), 서울대 경제학부 특임교수

정통파 '경제 브레인'

구윤철 전 국무조정실장(장관급)은 기획재정부에서 근무한 정통 경제관료 출신이다. 이번 대통령 선거에서 이재명 대통령 직속 당내 기구인 경제성장위원회 고문을 맡아 경제 정책 부문 정책을 조언했다.

구 전 실장은 최근 《레볼루션 코리아》라는 책을 펴냈다. 그가 평소 구상해온 대한민국의 재도약을 위한 전략을 구체적으로 담은 책이다. 이 책을 보면 그의 경제관을 파악할 수 있다.

구 전 실장은 책을 통해 한국이 앞서가는 나라를 뒤쫓아가는 '추격경제 시스템'으로 세계가 주목하는 고속 성장을 이뤘지만, 이제는 선진국과의 경쟁에 적합한 '선도 경제'로 전환해야 한다고 강조한다. 한국의 발전을 저해하는 가장 큰 위기 요소로는 저출생 고령화를 꼽았다. 국내 총인구의 지속적인 감소가 예상되며, 이에 따라 총수요가 줄어들고 내수 시장도 위축된다는 것이다. 이를 내버려두면 잠재 성장률 저하를 피하기 어려운 만큼 다각도로 대책을 마련해야 한다고 강조했다.

저출생에 대응하려면 육아 부담을 덜어줘야 한다. 이를 위해 아파트 단위별로 오전 6시부터 자정까지 조합원인 어머니들이 아이를 돌봐주는 '돌봄 조합'을 구성하도록 국가와 지자체가 지원하는 등 '보육에 대한 국가책임제'를 도입하자고 제안했다.

구 전 실장은 최근 주목받는 AI와 관련해서는 일반 AI보다는 특화된 AI 개발에 집중하는 편이 낫다고 분석했다. 한국이 그동안 축적한 정보기술(IT) 역량을 통해 새로운 기회를 찾을 수 있을 것이란 관측이다.

구 전 실장은 1965년 경북 성주에서 태어났다. 대구 영신고를 졸업하고 1982년 서울대 경제학과에 들어갔다. 인물이 많다는 서울대 82학번이다. 경제학과 동기로는 강석훈 산업은행 회장, 성윤모 전 산업통상자원부 장관, 조성욱 전 공정거래위원장, 이용우 전 더불어민주당 의원, 이혜훈 전 바른정당 의원 등이 있다. 서울대에서 행정학 석사, 미국 위스콘신대에서 공공정책학 석사 학위를 받았다. 2017년 중앙대에서 국제상학으로 무역물류학 박사 학위를 취득했다.

32회 행정고시에 합격하면서 공직에 입문했다. 주로 기획재정부에서 예산과 공공정책 업무를 맡았다. 노무현 정부 당시 청와대 대통령실로 파견을 가서 행정관, 인사제도비서관, 국정상황실장 등을 지냈다.

이후 기획재정부에 복귀해 성과관리심의관, 사회예산심의관, 예산총괄심의관, 예산실장을 거쳐 2차관에 올랐다. 21대 총선 당시 민주당 후보로 출마설이 나왔으나 불출마했다. 2020년 5월 국무조정실장에 선임됐다.

권혁기 전 더불어민주당 정무기획실장

출생	1968년 서울
학력	청량고-국민대 국사학
경력	국민대 총학생회장, 청와대 춘추관장(문재인 정부), 민주당 정무조정실장, 21대 대선 민주당 선대위 메시지팀 선임팀장

모든 메시지는 그를 통한다

권혁기 전 더불어민주당 당대표 정무기획실장은 정무 전략과 공보 업무에 탁월한 인사로 꼽힌다. 21대 대선 선대위에서 메시지팀 선임팀장으로 '이재명의 입' 역할을 맡았다. 이재명 대통령이 민주당 대선후보로 최종 확정된 날의 수락 연설은 '신춘문예 3관왕' 강유정 선대위 대변인과 권 전 실장의 합작품이었다.

권 전 실장은 국민대 국사학과 88학번이다.

권 전 실장은 국민대 총학생회장으로 1992년 대선을 경험했다. 김대중 전 대통령이 낙선하면서 느꼈던 좌절감이 향후 그를 정치권으로 이끌었다. 권 전 실장은 졸업 후 한 회사에서

3년가량 근무하다가 1997년 대선에선 김 전 대통령을 공식적으로 돕는 민주연합청년동지회의 청년조직국장을 맡았다.

권 전 실장이 정무 전략에 밝은 건 학생운동 경험을 바탕으로 수십 년간 민주당 쪽 거물급 정치인들 곁에서 호흡해왔기 때문이다. 참여정부 때 청와대 국내언론비서관실 행정관을 지냈고, 부산시장을 지낸 오거돈 해양수산부 장관의 정책보좌관으로 일했다. 문재인 정부 때 춘추관장을 지냈고 이재명 체제에 들어서는 정무기획실장을 지내는 등 요직을 거쳤다.

실력을 중시하는 이 대통령의 인선 기조에 따라 그는 이 대통령 체제에서도 주류가 됐다. 정치권에선 일처리가 빠르고 메시지가 명료하다는 평가를 받는다. 언론의 날카롭고 곤란한 질문을 맞받아치는 '수싸움'에도 능하다. 특히 네거티브 공세에 대응하는 능력이 있다는 평가를 받는다.

춘추관장 시절에는 정부와 국민 간 가교 역할을 했다. 2018년 남북정상회담 보도 분야 실무 협상을 주요 성과로 꼽는다. 당시 전 세계는 문재인 전 대통령과 북한 김정은이 판문점 군사분계선에서 악수하는 장면을 생방송으로 지켜봤는데, 권 전 실장의 역할이 컸다. 권 전 실장은 한 인터뷰에서 "북한은 생방송이라는 게 없는 나라라서 라이브로 내보내는 것에 대한 거부감이 강했는데 제가 설득을 했다"고 했다.

당으로 돌아온 권 전 실장은 김태년 원내대표 비서실장과 박홍근 원내대표 정무실장을 역임했다. 이후 이 대통령의 정무기획실장으로 발탁됐다. 언론에 비칠 당과 이 대통령의 이미지를 고민하고 길잡이 역할을 한다. 대선 캠프에선 이 대통령의 각종 연설문 등 메시지를 총괄하는 후보실 메시지팀 선임팀장으로 활약했다.

정치권에서 산전수전 다 겪어본 정 전 실장. 국회의원 선거 때만 되면 분루를 삼켜야 했다. 20대 총선(2016년)에선 당직자 몫으로 비례대표 22번에 이름을 올렸지만 당선권에 들지 못했다. 21대 총선(2020년)에 서울 용산구 후보로 출마하기 위해 경선을 준비했다. 당에서 용산구를 전략공천 지역구로 정하고 강태웅 전 서울시 부시장을 후보로 공천하면서 본선 진출은 실패했다. 22대 총선(2024년)에는 경기 의정부을 예비후보로 활동했다. 경선에서 경기도 평화부지사를 지낸 이재강 의원에 밀려 낙선했다.

김병기 더불어민주당 의원

출생	1961년 경남 사천
학력	중동고–경희대 철학과, 건국대 국가안보전략학과 석사
경력	국가정보원 인사처장, 20·21·22대 국회의원, 20대 대선 경선 이재명 후보 선대위 현안대응TF단장, 민주당 수석사무부총장, 민주당 22대 공천관리위원회 간사, 21대 대선 민주당 선대위 공동조직본부장

"대표님, 이제 칼을 뽑으십시오" 외친 李 호위무사

김병기 더불어민주당 의원은 국가정보원 인사처장 출신 정치인이다. 대표적 신(新)친명계로 22대 총선 공천관리위원회 간사를 맡으며 친명계가 당 주류로 자리 잡는 데 핵심적인 역할을 했다.

경남 사천에서 태어났지만, 초·중·고등학교 학창 시절을 서울에서 지냈다. 경희대 철학과를 졸업한 그는 1987년 국가안전기획부(현 국가정보원)로 입직해 인사 업무를 담당했다. 정치권에 인연이 닿은 계기는 김대중 대통령직인수위원회에 파견 근무를 하면서다. 참여정부에서도 국정원 개혁 태스크포스(TF)에서 일한 김 의원은 국정원 인사처장을 역임하며 '그림자

요원'으로 활동했다.

이 같은 배경을 둔 김 의원이 강조하는 정치 행보는 역설적으로 '국정원 개혁'이다. "'나만 옳다'는 주관적인 애국심을 깨고 국정원을 선진화해야 한다"는 게 그의 지론이다. 2009년 이명박 정부 때 해임된 이후 정부를 상대로 '해임 무효 소송'을 벌여 2014년 승소하지만 복직하지 않은 사건이 영향을 줬다. 김 의원은 "어떤 정권이 들어와도 국정원의 선진화가 이뤄질 수 있다는 순진한 생각을 한 것 같다"고 회상했다.

이후 국정원 개혁 활동을 본격적으로 벌이며 발을 들인 곳이 국회였다. 당시 김 의원은 정치 입문에 대해 "원세훈 전 원장이 국정원에 부임하고 4개월도 지나지 않아 10년에 걸쳐 발전시킨 인사제도가 간단하게 폐기됐다"며 "(이 같은 행태를) 정치를 통해 바꿔야 한다고 결심했다"고 설명했다.

김 의원이 신명(新明)계로 굳어지기 시작한 건 이재명 대통령이 지난 2021년 대선 출마를 선언하자 곧바로 선거캠프인 '열린캠프'에 합류하면서다. 김 의원은 이곳에서 현안대응TF 단장을 맡았다. 김 의원은 "첫 만남에서 거대 담론보다 실천할 수 있는 현안을 추진하겠다는 생각에 공감하면서 의기투합하게 됐다"고 강조했다.

김 의원은 신명계로 활약하며 전면에서 적극 활동을 이어갔다. 문 전 대통령을 조용히 지원했던 과거와 달리 직접 행동이

나 발언을 서슴지 않으며 이 대통령을 밀착 보좌했다. 2022년 당시 송갑석 민주당 의원을 필두로 한 당내 재선 모임이 대선 패배의 책임을 걸고 이재명 대통령의 전당대회 불출마를 요구할 땐 재선 의원 중 유일하게 반대 의견을 냈다.

같은 해 6월 인천 계양을 보궐선거가 열리자 박찬대 민주당 원내대표와 함께 이 대통령 출마를 권유했다. 원조 친명인 7인회와 정진상 당대표 정무조정실장도 반대 의견을 내던 때였다. 이후 이 대통령이 8월 전당대회를 준비할 때도 김 의원은 친명계 텔레그램 채팅방을 만드는 등 전방위적으로 그를 도왔다. 이 같은 활약을 인정받아 김 의원은 이 대통령 체제에서 처음으로 수석사무부총장을 역임했다.

2023년 이 대통령 체포동의안 가결을 두고 당내 친명계와 비명계의 갈등이 최고점에 다다를 때 가장 날 선 비판을 쏟아낸 것도 김 의원이다. 김 의원은 자신의 SNS에 "역사는 오늘을 민주당 의원들이 개가 된 날로 기록할 것"이라며 "대표님, 이제 칼을 뽑으십시오"라고 적었다.

지난 5월 1일 이 대통령의 대법원이 공직선거법 위반 혐의 사건의 파기환송심을 내렸을 때도 김 의원은 "사법 권력이 헌법 질서를 무시하고 입법·행정 권력까지 장악하겠다는 것"이라며 "그래봤자 대통령은 이재명"이라고 말했다.

당 안팎에선 김 의원이 이재명 정부에서 국정원장으로 발탁

될 가능성이 있다고 전망한다. 20여 년 동안 국정원에서 인사 업무를 담당한 만큼 내부 조직에 대한 이해도가 높다는 게 주된 이유다.

김현종 전 국가안보실 2차장

출생	1959년 서울
학력	미국 컬럼비아대 국제정치학과 및 동대학원 로스쿨
경력	외교통상부 통상교섭본부장, 유엔 주재대사(노무현 정부), 삼성전자 해외법무 사장, 산업통상자원부 통상교섭본부장, 국가안보실 제2차장(문재인 정부)

노무현·문재인의 통상 사령탑, 이번엔 李

김현종 전 국가안보실 제2차장은 자타공인 통상·협상 전문가다. 이번 대선에서 이재명 대통령의 외교안보특별보좌관을 지냈다.

김 전 차장은 노무현·문재인 정부에서 통상 사령탑으로 일했다. 이 대통령이 김 전 차장을 지난 2월 자신의 외교안보특별보좌관으로 임명했다. 도널드 트럼프 2기 행정부 출범 이후 관세 전쟁이 본격화한 가운데 이 대통령이 대선에서 승리한 만큼 김 전 차장이 외교·안보 영역에서 핵심적인 역할을 할 것이라는 데 큰 이견이 없다.

김 전 차장은 비(非)외무고시 출신으로 통상교섭본부장 등

경제 통상 핵심 보직을 지냈다. 로펌과 국제기구 등에서 근무하던 김 전 차장이 국내에서 공직을 처음 맡은 건 노무현 정부 때다. 노무현 전 대통령이 당선인 시절 대통령직인수위원회에서 통상 관련 브리핑을 해달라고 김 전 차장에게 요청했고, 그 자리가 노무현 정부와 인연의 시작이었다.

노무현 정부 출범 직후인 그해 5월 김 전 차장은 당시 외교통상부 통상교섭본부 2인자인 통상교섭조정관(1급)에 발탁됐다. 김 전 차장은 언론 인터뷰에서 노 전 대통령을 "딱 뵈니까 스타일이 멋있었다"라고 회고했다. 이후 통상교섭본부장, 세계무역기구(WTO) 한국 측 수석대표, 유엔(UN) 주재대사를 지내는 등 참여정부의 통상 정책을 주도했다.

노무현 정부 통상교섭본부장 때 한미자유무역협정(FTA) 타결에 핵심적인 역할을 했고, 문재인 정부 통상교섭본부장 때는 한미 FTA 개정 협상을 주도했다. 당시 미국 측에서 개정 협상을 이끌었던 로버트 라이트하이저 전 무역대표부(USTR) 대표와는 같은 로펌에서 근무했다. 라이트하이저 전 대표는 트럼프 1기 행정부 때 '보호무역주의 설계자'로 불리는 인물이다.

김 전 차장은 보수 정부를 건너뛰고 진보 정부에서만 일했다. 이명박 정부가 출범하자 삼성전자 해외법무 담당 사장으로 옮겨 2011년까지 일했고, 문재인 정부 출범 직후인 2017년 7월 산업통상자원부 통상교섭본부장으로 재기용됐다. 이후 국가안보실 제2차장, 대통령비서실 외교안보특별보좌관을 지냈다.

김 전 차장이 정치 일선에 다시 등장한 건 이 대통령이 지난 2월 그를 외교안보특별보좌관에 기용하면서다. 김 전 차장이 임명장 수여식에서 한 발언은 민주당 집권 시 우리나라의 통상 정책의 원칙을 어떻게 가져갈 건지에 대한 힌트가 될 수 있다는 점에서 관심을 받았다.

그는 자신의 통상 협상 시 기본 원칙을 '이익의 균형'이라고 했다. 무언가를 전략적으로 내어준다면, 반드시 실질적인 반대급부가 있어야 한다는 원칙이다. 김 전 차장은 "우리 외교 공간 확보에 도움이 되는 가시적인 반대급부를 받아내는 것이 중요하다"며 자신이 관여한 한·미 미사일 지침 종료, 한미 FTA 재협상 결과 등을 언급했다.

김 전 차장은 또 "지금의 안보는 지정학, 경제, 통상이라는 범위를 넘어 과학 기술 영역까지 확대되고 있다"며 "이는 매우 중요한 변화이고, 그 결과 '복합 안보'라는 과제가 탄생했다"고 했다. 그러면서 "복합 안보 차원에서의 대한민국 안보 전략을 세워야 한다"며 "조선과 에너지 등 우리 강점 분야에서의 더 큰 이익을 얻을 수 있어야 한다"고 강조했다. 특히 '국방 FTA'로 불리는 미국과의 국방상호조달협정을 조속히 체결해 한미 동맹을 한 단계 끌어올려야 한다고 했다.

박태웅 민주연구원 집단지성센터장

출생 1963년 경북 포항

학력 경북고-서울대 경영학과

경력 한겨레신문 기자, 인티즌 창업, 안철수연구소(안랩) 경영지원실 실장, KTH 부사장, 한빛미디어 이사회 의장, 민주연구원 집단지성센터장

언론인 출신 'AI 책사'

박태웅 민주연구원 집단지성센터장은 신문기자 출신 IT 전문가다. 이재명 대통령의 'AI 책사'로도 불린다.

한겨레신문 기자로 1990년부터 10년 가까이 일하다가 퇴사후 당시로서는 생소한 개념이었던 '허브사이트'를 지향하며 '인티즌'이라는 회사를 창업했다. 정부가 초고속 인터넷망 투자에 대대적으로 나섰던 IT 호황기 때다. 대학교 졸업 후 한겨레신문 입사까지 약 2년간 옛 동원경제연구소(당시 한신경제연구소)에서 일하기도 했다. 신문사에 근무할 때 일선 취재 현장경험도 했지만 사내 각종 신사업 론칭에 직접 관여하며 경영측면도 경험을 했다.

박 센터장이 인티즌을 창업했을 당시만 해도 포털사이트라는 개념이 널리 알려지지 않았던 때다. 국내에는 라이코스, 야후 등 외국 사이트가 들어와 사업을 확장하던 시기다. 박 센터장은 인터넷 비즈니스가 급성장할 것에 대한 확신을 하고 있었다고 한다.

그가 창업한 허브사이트라는 것도 하나의 사이트에서 쇼핑, 이메일, 커뮤니티 활동 등을 한 번에 할 수 있는 개념으로, 각각의 개념을 연결해 통합 서비스를 제공하는 사업 모델이었다. 창업 후 얼마 지나지 않아 공동대표로 영입한 공병호 사장과 인사권을 놓고 갈등을 벌였고, 그 결과 1세대 창업자인 박 센터장 자신이 물러나게 됐다. 공 사장 영입 한 달여 만이었다. 박 센터장은 이후 안철수 당시 안철수연구소 대표 권유로 안철수연구소에서 일했고 엠파스, KTH 등을 거쳤다. 최근까지는 한빛미디어 의장을 지냈다.

이 대통령과 개인적 인연이 없던 박 센터장이 이 대통령과 소통하기 시작한 건 2022년 대선 시기로 알려져 있다. 이 대통령이 박 센터장의 저서 《눈 떠보니 선진국》(한빛비즈)을 인상깊게 읽고 직접 전화를 걸었다고 한다. 이 대통령은 당시 박 센터장의 책을 언론 인터뷰 등을 통해 공개적으로 추천하기도 했다. 박 센터장은 민주당의 AI 공약을 만드는 데 참여하기도 했다.

이 대통령과 박 센터장과의 인연이 오래되진 않았지만 신뢰가 상당함을 알 수 있다. 박 센터장은 민주당에 영입돼 '모두의 질문Q'라는 집단지성 소통 플랫폼을 만들었다. 지난 총선 압승 이후 열린 민주당 워크숍에서 박 센터장이 녹서 편찬을 제안했고, 이 녹서를 만들기 위한 플랫폼이었다. 녹서에는 일반 시민부터 전문가들이 던진 질문과 정책 제안들이 담겼다. 녹서는 민주당의 대선 선거운동 출정식이 열린 지난 5월 12일 서울 광화문 청계광장에서 이 대통령에게 공개적으로 전달이 됐다.

같은 이름의 유튜브 방송에도 이 대통령이 직접 출연해 박 센터장과 토론했다. 이슈가 됐던 이 대통령의 'K엔비디아' 발언도 이 유튜브에서 박 센터장과 대담하는 과정에서 나왔다. 당시 이 대통령은 첨단 전략산업 기업에 국가가 일정 지분을 투자하고 여기서 나오는 수익을 배당 등의 형태로 여러 사람이 나눌 수 있어야 한다고 주장했다. 당시 여권이었던 국민의힘에서는 "사회주의적 발상"이라는 비판이 쏟아졌다.

이 대통령의 1호 대선 공약이 AI 투자였던 만큼, 민주당 집권 시 박 센터장이 핵심적인 역할을 할 것이라는 관측이 많다.

부석종 전 해군참모총장

출생 1964년 제주

학력 제주 세화고-해군사관학교 40기

경력 제주해군기지 건설사업단장(준장) 해군 2함대 사령관(소장) 해군사관학교 교장, 합참 군사지원본부장(이상 중장), 21대 대선 민주당 선대위 국가안보특보단 공동 단장

해양전략 정통한 군 참모

부석종 전 해군참모총장(대장·해사 40기)은 20·21대 대선에서 모두 이재명 대통령을 도운 군(軍) 장성 출신 인사다. 사상 첫 제주 출신 해군참모총장이기도 하다.

부 전 총장은 이번 21대 대선에서 민주당 중앙선거대책위원회 국가안보특보단 공동단장을 했다. 또 다른 단장은 같은 제주 출신인 부승찬 더불어민주당 의원이었다. 부 의원은 공군사관학교를 나온 정보 장교 출신으로, 문재인 정부 때 국방부 대변인을 지냈다.

부 전 총장은 한미연합 해상작전과 해양전략에 정통하다는 평가를 받는다. 2010년 왕건함 함장(대령)으로 청해부대(5진)

부대장에 부임했고, 소말리아 해적에 피랍된 삼호드림호 선원들을 구조하는 아덴만 여명작전을 성공적으로 지원했다는 평가를 받는다.

부 전 총장은 제주해군기지 건설사업단장으로 기지 건설에 반대하는 지역민 설득에 제주 출신으로서 적극적인 역할을 했다. 이후 서해 해역을 방위하는 해군 2함대 사령관과 해군사관학교 교장 등을 지냈다. 문재인 정부 때인 2020년 제34대 해군 참모총장에 취임했고 이듬해 문 정부 마지막 장성 인사를 끝으로 임기 4개월여를 남기고 전역했다. 부 전 총장은 취임 당시 "국방개혁 2.0과 전시작전통제권 전환 과업을 적극 추진하겠다"고 밝힌 바 있다.

국방개혁 2.0은 문재인 정부 2018년 7월 발표한 국방 개혁안이다. 전작권 전환 후 한미연합사를 합참의장이 사령관을 겸임하는 한미연합군사령부로 대체하는 등의 내용이다. 상비병력을 당시 61만 8,000명에서 2022년까지 50만 명으로 줄이고 병 복무 기간도 2~3개월 단축하는 등의 내용이다. 부 전 총장은 총장 시절 좌초 위기였던 해군 경항공모함(경항모) 사업 예산을 확보하는 등의 역할을 했다.

부 전 총장은 전역 한 달여 후인 2022년 1월 당시 이재명 대선 후보 캠프에 합류했다. 이 대통령이 직접 여의도 중앙당사에서 부 전 총장 영입식을 했다. 당시 부 전 총장은 "전쟁 없는 평

화, 든든한 국가 안보와 국민의 삶의 질을 확실히 보장할 수 있
는 대통령은 유능하고 준비된 이재명 후보뿐"이라고 했다.

부 전 총장은 국군불교총신도회장을 지낸 불자다.

신재현 전 외교통상부 에너지·자원협력대사

출생 1946년 경북 고령

학력 경북고–서울대 법학과 졸업

경력 김앤장 법률사무소 변호사, 한국전력 비상임이사, 외교통상부 에너지자원협력대사(이명박 정부), 서아시아경제포럼 회장, 21대 대선 더불어민주당 선대위 외교·안보 분야 정책자문

중동 외교의 실용주의자

신재현 변호사는 이명박 정부에서 에너지·자원협력대사를 지낸 중동 외교 전문가다. 이번 21대 대선에선 더불어민주당 선거대책위원회 외교·안보 분야 상임고문을 맡았다. 이재명 대통령이 지향하는 국익 중심의 실용외교 전략을 잘 이해하는 인물이다. 대구·경북(TK) 지역에서 상당한 영향력을 가진 것으로 알려져 있다.

신 변호사는 경북고, 서울대 법대를 졸업했다. 김앤장 법률사무소 등 로펌에 근무하면서 정부 간 국제거래 및 에너지 분야의 법률 자문을 주로 담당했다. 그 인연으로 2008년 외교통상부 에너지·자원협력대사에 임명되며 공직에 입문했다.

대사 재임 시절 한·이란 간 물밑 교역의 활로를 뚫는 데 앞장 섰다. 미국의 대이란 제재 국면 속 한·이란 간 결제 통로가 막히 지 않도록 양국 간 교역과 투자대금 결제에 이용되는 원화결제 시스템을 처음 도입했다. 양국 교역이 단절되는 상황을 우려한 그는 당시 양국 정부 관계자들을 직접 설득해 제도화를 주도했 다. 그 공을 인정받아 2011년 은탑산업훈장을 받았다.

지난 2023년 말 한 매체와의 인터뷰에서 "어떤 경우에도 정 치는 장사를 못 따라간다"며 "정치와 제재로 상거래를 막는 것 은 불가능하다"고 발언하는 등 실용주의적인 외교 노선을 내 세워왔다. "한·이란 관계는 지금처럼 끊어져선 안 된다"며 외 교 복원과 경제 채널 회복의 필요성도 거듭 강조했다.

지난해엔 "외교에서 가장 중요한 것은 그 나라를 이해하는 사람들이라고 생각한다"며 "아직도 정권이 바뀌면 신뢰를 쌓 아온 인물을 전 정권 사람이라고 내치는데, 결국 그러면 피해 는 국민이 본다. 한국도 이제 타국에 대한 높은 이해를 바탕으 로 오랜 신뢰를 구축한 지역 전문가들을 써야 한다"고 발언하 기도 했다. 최근까지도 서아시아경제포럼 회장을 맡아 중동 지역과의 경제 협력을 위한 민간 외교 활동을 펼쳤다. 이 대통 령에게 이란과 사우디 등 중동 주요국과의 실무외교 전략 수 립과 국제제재 상황 속 한국 기업의 대응 방향 등에 대해 자문 을 제공한 것으로 알려졌다.

안도걸 더불어민주당 의원

출생 1965년 전남 화순

학력 광주동신고–서울대 경영학과, 서울대 행정학 석사, 미국 하버드대 케네디스쿨 석사

경력 제33회 행정고시 합격, 기획예산처 제도관리과장, 보건복지부 보건산업정책국장, 기획재정부 예산실장, 기재부 2차관, 서울대 국가미래전략원 책임연구위원, 22대 국회의원

기재부 2차관 출신 '경제통'

안도걸 더불어민주당 의원은 민주당에 흔치 않은 기획재정부 관료 출신 인물이다. 21대 대선 때 민주당 선거대책위원회 정책본부에서 공약을 만들었다. 후보 직속 경제성장위원회의 수석부위원장도 했다. 이재명 대통령이 경제를 전면에 내세우면서 경제 부문 공약을 담당하는 안 의원의 존재감도 커졌다.

안 의원은 1989년 33회 행정고시에 합격해 예산실 요직을 두루 거친 '예산통'이다. 복지예산과장(2008년), 행정예산심의관(2014년), 복지예산심의관(2016년), 경제예산심의관(2017년), 예산총괄심의관(2019년) 등을 거쳐 2020년 예산실장을, 이듬해 2차관을 각각 역임했다. 기재부 후배들의 그에 대한 평가는

'임무를 반드시 해내는 불도저'로 요약된다.

안 의원이 예산실장을 지내던 2020년엔 코로나19가 발생했다. 그는 긴급재난지원금 지급을 위한 추가경정예산안(추경) 편성 등을 주도했다. 기재부 2차관에 임명될 당시 정부는 그의 인사 배경을 "기재부 핵심 보직을 두루 역임하면서 폭넓은 정책 업무를 경험한 재정 예산 전문가"라고 했다. 안 의원은 2023년 12월 22대 총선에 출마하기 위해 민주당에 입당했고, 광주 동구·남구을 지역구에서 당선됐다.

안 의원이 수석부위원장으로 있는 경제성장위원회의 전신은 민주당 미래경제성장전략위원회다. 19개 정책분과 및 지역경제 조직으로 구성된 이 위원회는 각 분과위가 검토·수립한 경제성장 정책을 엮어 각 1,000여 쪽이 넘는 〈새 정부의 K-이니셔티브-경제성장전략보고서(1)〉, 〈새 정부의 K-이니셔티브-경제성장전략보고서(2) 및 Q&A〉를 발간했다. 안 의원은 이런 방대한 작업을 조율하는 핵심 임무를 수행했다.

안 의원은 의정활동을 하면서 친정인 기재부를 향한 충고와 조언, 그리고 비판도 많이 했다. 2024년 이재명 당시 민주당 대표가 '전 국민 25만 원 지급'을 주장했을 때 이를 지원하는 논리를 제시하기도 했다. 안 의원은 당시 한국경제신문과의 인터뷰에서 "문제는 타이밍"이라고 지적했다. 그는 "내수 침체로 소상공인과 자영업자들이 어려운 상황이 이어지면 이들이

기초생활수급자로 내려올 수 있다. 그렇게 되면 오히려 복지
비가 더 많이 들어가고 경제 전반의 생산성이 떨어질 수 있다"
고 설명했다. 이어 "지역화폐를 줘서 간접적인 매출을 일으키
고 내수가 살아날 수 있는 모멘텀을 만들어줘야 한다"고 강조
했다.

그는 추가경정예산 편성 요건을 완화하는 국가재정법 개정
안을 발의했다. 이에 대해 "특정 부문의 경제 충격에 정부가 발
빠르게 대응할 수 있도록 재정 정책의 기동성을 높이려는 취
지"라고 설명했다.

위성락 더불어민주당 의원

출생 1954년 전남 장흥

학력 남성고-서울대 외교학과

경력 제13회 외무고시 합격, 외교통상부 북미국장, 외교통상부 한반도평화교섭본부장, 주러 대사, 22대 국회의원

실용외교 주도한 '국제통'

위성락 더불어민주당 의원은 2022년 20대 대선에 이어 이번 21대 대선에서도 대통령의 외교·안보 정책을 주도했다. 이재명 정부에서도 외교·안보 부문에서 요직을 맡을 것으로 예상된다.

위 의원은 1979년 외무고시에 합격해 주러시아 대사까지 지낸 외교관 출신 정치인이다. 주러 대사의 정식 명칭은 주러시아연방 대한민국 특명전권대사다. 직제상 차관급이지만, 주요 6개국 대사에 포함돼 장관급 예우를 받는다. 외교관으로서 정상까지 올랐다는 의미다.

위 의원은 외무부에서 일할 때 김영삼 정부 대통령비서실

외교안보수석실 행정관, 주미대사관 참사관, 김대중 정부 외교통상부장관 보좌관, 노무현 정부 외교통상부 북미국장, 이명박 정부 한반도평화교섭본부장 등을 지냈다. 북미 전문가로서 정권의 성격을 가리지 않고 기용됐다. 이후 박근혜 정부와 문재인 정부에서는 따로 직책을 맡지 않았다. 문재인 정부의 외교 정책에 대해선 긍정적으로 평가하면서도 초기 청사진에 매몰되지 않고 유연하게 대처하는 것이 필요하다는 조언을 하기도 했다.

이후 이재명 캠프에 합류하면서 이재명 대통령의 외교 참모로 활동했다. 21대 대선의 민주당 선거대책위원회에선 동북아평화협력특별위원회 위원장을 맡았다. 위 의원은 동북아평화협력특별위원회 출범식에서 "대한민국에 필요한 것은 국익을 지키기 위한 중도·실용적인 외교 정책"이라고 강조했다. 그는 "굳건한 한미동맹을 기반으로 한 한미 공존을 유지하면서 미국 일본 중국 러시아 등 한반도를 둘러싼 주변국들을 대하는 총체적이고 통합적인 전략을 마련해야 한다"고 분석했다.

위 의원은 2024년 총선에서 비례대표로 당선됐다. 그는 당선 직후 한국경제신문과 가진 인터뷰에서 "초당적인 한국형 외교 좌표를 수립해야 한다"고 강조했다. 사안별로 정치 풍향에 흔들리지 않고 일관된 방향성을 가져가야 한다는 뜻이다. 그는 "강대국 간 첨예한 대립이 이어지는 시대에는 '미국 따로'

'중국 따로' 외교가 더 이상 통하지 않는다"며 "예를 들어 중국이 우리를 9시 방향으로, 미국이 우리를 3시 방향으로 끌어당긴다면 우리는 1시 반에 위치하는 방향성을 잡아야 지속 가능한 외교를 할 수 있다"고 조언했다. 외교 선진화를 위해선 당파성을 버려야 한다고도 제안했다.

윤여준 전 환경부 장관

출생 1939년 충남 논산

학력 단국대 정치학과

경력 국회의장 공보보좌관, 청와대 공보수석실 공보비
서관, 안기부장 특보, 4대 환경부 장관, 여의도연구
원 여의도연구소장, 오세훈 서울시장캠프 공동선
대위원장, 21대 대선 민주당 선대위 상임총괄선대
위원장

관록의 보수 책사

윤여준 전 환경부 장관은 21대 대선에서 더불어민주당 상임총
괄선대위원장을 맡아 승리를 이끌었다. 당대표 직무대행인 박
찬대 원내대표와 명실공히 '투 톱'으로 선거를 치렀다. 과거 보
수 진영의 전략가이자 '보수의 책사'로 불렸던 그는 이재명 캠
프에 합류하며 외연 확장 전략의 상징적 인물로 각인됐다.

   윤 전 장관은 '이념과 진영을 넘어선 실용주의'와 '국민 통
합'에 있어 이재명 대통령과 공감대를 형성한 것으로 알려졌
다. 선대위원장을 수락한 직후엔 이 대통령에 대해 "판단력과
순발력이 뛰어나고 위기 극복에 적절한 리더십을 갖췄다"고
평가하며 "단둘이 말을 나눠보니 피상적으로 갖고 있던 인상

보다는 굉장히 진지하고, 좋은 지도자가 되고 싶다는 열망이
있었다"고 했다.

이 대통령과는 성남시장 때부터 인연이 있었다고 한다. 윤
전 장관은 대선 직전 SBS 인터뷰에서 "(이 대통령이) 성남시장
때 저는 모르던 분이었는데 먼저 전화를 하셔서 '성남시장 아
무개입니다', '만나서 점심이나 하면서 얘기하고 싶다'고 하더
라"며 "둘이 앉아서 긴 시간 얘기를 재미있게 한 일이 있다"고
했다. 윤 전 장관은 "그게 계기가 돼서 그 후에도 몇 번 더 뵙고
그랬는데, 어쨌든 만나서 그분하고 얘기를 해보면 의사소통이
굉장히 잘됐다"고 했다.

대선 캠프에선 단순한 외부 인사 이상의 역할을 수행했다.
대선 전략의 기조 설정과 메시지 방향 수립뿐만 아니라 중도
와 보수 성향 유권자층을 타깃으로 한 인사 영입과 정책 조율
에 관여했다. 보수 진영에서 쌓은 오랜 전략 경험과 대중 인식
은 캠프 확장성과 안정감 확보에 중요한 자산으로 작용했다.

1939년 충남 논산에서 태어난 그는 단국대 정치학과를 졸
업했다. 국회의장 공보보좌관과 청와대 공보수석실 공보비
서관 등을 거쳐 4대 환경부 장관으로 임명됐다. 정당인으로
본격 전환한 건 1990년대 중반이다. 한나라당에서 전략기획
위원장과 대변인을 맡아 당내 노선과 선거 전략을 설계했는
데, 그때 '보수의 책사'라는 별칭을 얻었다.

2007년 17대 대선에선 이명박 후보 캠프의 메시지 총괄로 참여해 당내 계파 간 갈등을 조율하고 일관된 대외 메시지를 만드는 데 주도적 역할을 했다. 당시 당내 비주류였던 이명박 후보가 당내 경선을 돌파하고 본선을 승리로 이끄는 데 윤 전 장관이 설계한 '실용주의 이미지'와 '경제 리더' 프레임이 큰 역할을 했다는 평가를 받았다. 2014년에는 안철수 의원의 '정치 멘토'로 활동하며 중도개혁 진영과의 연대를 모색했다.

이념이나 정파보다는 실용과 개혁, 민생을 중심에 두는 정치 노선을 꾸준히 강조해왔다. 뛰어난 기획 능력과 조율력으로 정파를 막론하고 전략 설계자 중 가장 신뢰받는 인물 중 하나로 꼽힌다.

이언주 더불어민주당 최고위원

출생 1972년 부산

학력 부산 영도여고–서울대 불어불문학과

경력 사법시험 39회, 사법연수원 29기, S-Oil 법무총괄 상무, 19·20·22대 국회의원, 더불어민주당 최고위원

7년 만에 '친정 복귀', 李 성장 전략 핵심 조언자

이언주 더불어민주당 최고위원은 당내에서 산업계와 가교 역할을 한다. 국민의힘으로 떠났던 그를 22대 총선을 앞두고 이재명 대통령이 당대표 시절 복당시켰다.

이재명 2기 지도부에서 최고위원까지 거머쥔 이 최고위원은 대선을 앞두고 이 대통령의 성장 전략을 짜는 데 기여했다. 이 최고위원은 최고위원에 당선됐을 때 "민주주의의 위협을 막기 위해서라도 민주당이 성장 문제에 관심을 가져야 한다고 생각한다"며 포부를 다졌다. 현재는 민주당 최고위원이자 당 미래경제성장전략위원장을 맡고 있다.

이 최고위원은 변호사 출신으로 'S-Oil 법무총괄 상무' 타이틀을 달고 2012년 19대 총선에서 민주당(당시 민주통합당)으로 첫 국회의원 배지를 달았다. 영입 당시 당내 중도파이자 경제 전문가 의원으로 꼽혔다. 하지만 2016년 재선에 성공한 이후 주류 세력을 겨냥해 "친문 패권주의"라고 비판하면서 이후 정치 인생의 큰 변화를 맞게 된다. 2017년 4월 대선 국면에서 당시 국민의당 안철수 후보 지지를 선언하며 민주당을 탈당했다. 바른미래당과 미래를향한전진2.0을 거쳐 2020년 미래통합당(국민의힘 전신)에 합류하는 등 '우클릭' 행보를 계속했다.

국민의힘 소속이었던 2022년 윤석열 정부 출범 이후 여권을 향해 쓴소리를 아끼지 않았다. 방송에 나와 "(여당의 총선 결과가) 거의 '폭망'일 것"이라고 말해 중앙당으로부터 '주의 촉구' 징계를 받기도 했다.

이 최고위원은 22대 총선을 앞둔 지난해 2월 민주당으로 7년 만에 복당했다. "정치적 뿌리인 민주당에서 윤석열 정권을 심판하겠다"며 귀환했고, 총선에서 경기 용인정에 나와 3선에 성공했다. 이 최고위원과 이 대통령 사이는 정성호 의원이 다리 역할을 했다. 2013년 정 의원이 민주당 원내수석부대표를 할 때 이 최고위원이 원내대변인을 맡아 호흡을 맞췄다. 정 의원은 이 최고위원에게 "여당에 있을 수 없는 상황 아니냐"며 민주당과 함께하는 것을 제안했다고 한다. 이 최고위원은 고민 끝에 수락했다. 이 대통령은 "고향에 돌아온 걸 환영한다"

며 이 최고위원을 반겼다.

　이 대통령은 철저히 능력주의를 중시한다. 출신, 지역 등에 대한 안배보다 이 인물이 진짜 실력이 있는지를 가장 우선시한다. 그런 점에서 당내 다른 의원이 볼 때 탈당과 복당을 반복한 이 최고위원이 미덥지 않아 보여도 이 대통령은 그런 부분은 개의치 않는다는 주의다. 이 최고위원은 산업통상자원중소벤처기업위원회에서 활약하면서 국내 산업을 위한 여러 법안을 발의했다. 지난해 11월 대표발의한 '에너지고속도로법제정안(국가기간 전력망 건설 촉진 및 지원에 관한 특별법 제정안)'은 지난 2월 국회 본회의를 통과했다. '에너지고속도로법'은 전력 수급의 불균형 심화를 막고 안정적인 전력 공급 및 전력망 건설을 촉진하기 위한 법안이다.

　최근에는 민주당 약세 지역인 PK(부산 경남) 지역을 열심히 돌고 있다. 조선·원전 등 산업단지가 있어 기업인 출신인 이 최고위원이 나서서 국가전략산업 육성 전략을 내놓고 있다. 지난 4월 거제시장 재·보궐 선거에서 민주당이 승리하는 데 이 최고위원이 적잖은 역할을 했다는 게 주변의 평가다.

이재성 더불어민주당 부산광역시당위원장

출생 1970년 부산

학력 부산중앙고–서울대 계산통계학과

경력 넷마블 이사, 엔씨소프트 전무, 새솔테크 고문, 더불어민주당 부산광역시당위원장

李가 "업어주고 싶다"던 그 남자

"이재성과 이재명, 좀 닮지 않았습니까?"

이재명 대통령은 지난 2024년 3월 부산 사하구 장림골목시장에서 사하을 국회의원 후보로 나선 이재성 더불어민주당 부산광역시당위원장의 손을 잡고 이렇게 외쳤다. 이 위원장은 이 지역에서만 6선에 성공한 조경태 국민의힘 의원에 밀려 낙선했지만 40%가 넘는 지지율로 경쟁력을 보여줬다는 평가를 받았다.

이 위원장은 지난 총선 전까지만 해도 정치와는 거리가 먼 기업인이었다. 부산 출신인 그는 서울대 계산통계학과를 졸업한 뒤 IT 분야에서 줄곧 일했다. 벤처기업에서 일하다 대기업에 인수되면 다시 벤처로 가는 도전적인 행보였다.

그는 첫 직장인 한솔PCS가 KT로 넘어가자 퇴사한 후 넷마블로 옮겨 유료화 작업을 지휘했다. 넷마블이 CJ에 인수되자 엔씨소프트로 이직해 상무까지 승진했다. 그는 2009년 게임업계 최대 박람회인 '지스타'를 부산에 유치하는 데 큰 역할을 했고, 한국게임산업협회 운영위원장 등을 맡으며 게임산업 발전에 이바지했다. 2010년엔 프로야구 9구단인 NC다이노스의 창단 작업에 TF 대변인 역할도 했다.

15년간 IT 회사 상근 임원 생활을 마친 후 그는 다시 스타트업으로 돌아갔다. 에듀테크 기업 퓨처스콜레 이사회 의장과, 자율주행 기업 새솔테크 CEO로 초기 투자유치를 이끌었다.

이 위원장이 정계로 들어온 것은 이 대통령 때문이다. 22대 국회의원 선거를 앞두고 인재위원장을 맡은 이 대통령(당시 당대표)이 '영입인재 2호'로 그를 영입했다. 이 위원장은 당시 기업인 경력을 고려해 비례대표로 공천받을 것으로 예상됐지만 이를 거부하고 험지였던 부산 사하을을 선택해 주목받았다.

이 대통령이 이를 두고 소셜미디어 X에 "부산 출마하는 이재성 후보 업어드리고 싶어요"라고 언급하기도 했다. 유세 도중 들어간 한 카페에서 공부하고 있던 고1 학생들과 만나 즉석에서 수학 문제를 풀어준 영상은 유튜브에서 10만 회 넘게 재생되면서 화제가 됐다.

이번 대선 국면에선 민주당 중앙선거대책위원회에서 후보 직속 'AI강국위원회' 위원장으로 임명됐다. 전·현직 다선 국회 의원이나 장관급 인사로 채워진 직속 위원회 위원장 중 원외 지역위원장 신분으로 위원장이 된 것은 이 위원장이 유일하다. 이 대통령이 1호 공약으로 AI 분야 100조 원 투자 등을 공언한 만큼 이재명 정부에서 중요한 역할을 맡을 가능성이 높다는 전망이 나온다.

인태연 전 청와대 자영업비서관

출생 1963년 인천

학력 경성고–한국외대 독일어학과

경력 부평 문화의거리 상인회장, 민주당 소상공인특별위원회 수석부위원장, 한국중소상인자영업자총연합회장, 청와대 자영업비서관, 민주당 민생연석회의 공동의장

文 정부 자영업비서관 출신 '민생통'

인태연 전 청와대 자영업비서관은 이재명 대통령의 소상공인·자영업자 민생 공약을 담당한 인물이다.

인천 부평시장에서 이불과 그릇을 팔던 자영업자 출신인 그는 지역화폐, 공정경제, 골목상권 등 민생 의제를 적극적으로 발굴했다.

인 전 비서관은 인천 출신으로 경성고와 한국외국어대 독일어학과를 졸업했다. 1989년부터 인천 부평 문화의거리에서 이불, 그릇, 의류 매장을 운영했다. 부평 문화의거리 상인회장, 더불어민주당 소상공인특별위원회 수석부위원장, 한국중소상인자영업자총연합회장 등을 지냈다. 자영업자 카드수수료 문제, 대형마트 확장 출점, 대기업 식자재 납품 문제 등을 제기하며 중소 자영업자 이익을 대변해왔다.

인 전 비서관이 정치권에 본격적으로 이름을 알린 것은 지난 2018년 문재인 정부 때다. 그는 청와대에 신설된 자영업비서관에 임명됐다. 문 정부는 최저임금을 2년 연속 급격히 인상한 후 자영업자들의 반발이 심해지자, 비서관 자리를 새로 만들고, 현장에서 자영업자 권익 보호를 외친 그를 전격 발탁했다. 최저임금 차등적용 필요성 등을 인정하는 등 전향적인 모습을 보였지만 정책화되지는 못했다.

이재명 대통령과는 지난해 더불어민주당 민생연석회의 공동의장으로 호흡을 맞췄다. 지난 3월 민생 관련 정책의제를 발굴하기 위해 꾸려진 민생연석회의에서는 지역화폐로 살리고, 골목상권으로 키우고, 공정경쟁으로 지키는 소상공인·자영업자, 노란우산 공제의 안정적 운영 및 지역 금융기반 확충 등 민주당의 주요 정책구상을 과제로 만들었다.

인 전 비서관은 당시 "지금 같은 난세에 정치는 책임을 지고 경세제민의 태도를 분명히 해야 한다"며 "민생연석회의는 정치적 환란 속에서도 민생정치의 뿌리를 놓치지 않고 고난의 물결을 건널 수 있는 징검다리를 구축해나갈 것"이라고 말했다.

대선 과정에서는 선대위 산하 7개 위원회 중 하나인 민생살리기본부장으로 발탁돼 민생연석회의에서 수석부의장으로 호흡을 맞췄던 윤후덕 더불어민주당 의원과 함께 본부를 이끌었다. 민생연석회의에서 발굴한 과제를 공약화하는 작업에 주력했다.

임광현 더불어민주당 의원

출생	1969년 충남 홍성
학력	강서고–연세대 경제학과, 하버드대 로스쿨 국제조세과정 수료
경력	제38회 행정고시 합격, 서울지방국세청장 국세청 차장, 청와대 경제정책수석실 행정관, 22대 국회의원, 국회 기획재정위원회 위원, 더불어민주당 정책위 상임부의장, 21대 대선 민주당 선대위 정책본부 부본부장

국세청 출신 세정 전문가

임광현 더불어민주당 의원은 서울지방국세청장과 국세청 2인 자인 차장 출신 초선 의원이다. 조사 업무에 특화된 세정 분야 전문가다. 21대 대선에서 이재명 대통령의 조세 분야 공약을 담당했다.

이 대통령의 경제 노선을 구체화하는 역할을 맡은 임 의원 은 선대위에서 대선 공약의 세제 틀을 설계했다. 재정 기반 조 정, 복지 확장 재원 마련 논의에 직접 참여했고 중산층과 청년 세대의 세금 구조 개편을 위한 기초 논리와 수치를 도출하는 데도 관여한 것으로 알려졌다. 월급쟁이 대상 소득세 공제 수 준 현실화 공약 등이 그의 아이디어다.

그는 조세 정의와 중산층 중심 세제 개편을 주요 정책 지향점으로 삼아왔다. 국회 입성 이후 대표 발의한 상속세 및 증여세법 개정안에선 일괄공제 금액을 5억 원에서 8억 원으로, 배우자공제 금액은 10억 원으로 확대하는 내용을 담았다. 그는 "중산층의 자산 가격 등 물가 상승에 따른 세 부담을 합리적으로 미세 조정하기 위해 현실적인 수준의 상속공제 금액을 적용할 필요가 있다"고 했다.

지난 3월 기획재정부의 유산취득세 도입 발표에 대해선 "부자 감세"라며 "상속재산 50억 원 이하의 1자녀 일반인에게는 유산취득세 도입에 따른 혜택이 없고 그 이상 고액 자산가부터 상속세가 줄어 혜택을 보게 된다"고 주장했다. 이 대통령이 강조해온 정의로운 조세와 정책 철학이 맞닿아 있는 대목이다.

1969년 충청남도 홍성 출신인 그는 연세대 경제학과를 졸업하고 하버드대학교 로스쿨 국제조세과정을 수료했다. 38회 행정고시를 통해 공직에 입문해 국세청 조사국장, 서울지방국세청장, 국세청 차장을 역임했다. 참여정부 시절 청와대 경제정책수석실에서 행정관으로 근무하며 청와대 실무도 경험했다. 전형적인 엘리트 공무원 코스를 밟았다.

정치권엔 2024년 22대 총선에서 더불어민주당 비례대표로 입성하며 본격 데뷔했다. 현재는 국회 기획재정위원회 위

원으로 활동하고 있으며 더불어민주당 원내부대표 및 정책
위 상임부의장을 겸직하고 있다. 당내에서 조세·재정 정책
라인의 대표 실무자로 꼽힌다.

정은경 전 질병관리청장

출생 1965년 광주광역시

학력 전남여고─서울대 의학과 및 동대학원 보건학 석사
예방의학 박사

경력 보건복지부 응급의료과장·질병정책과장, 질병관
리본부 긴급상황센터장, 질병관리본부장, 질병관
리청 초대 청장, 서울대 의대 가정의학과 임상교수,
21대 대선 민주당 총괄선대위원장

선대위 출범 하루 전 깜짝 합류한 'K 방역 사령탑'

"당 사람들도 몰랐던 '깜짝 인사'였다."

더불어민주당 관계자들은 정은경 전 질병관리청장이 선거
대책위원회에 합류해 총괄선대위원장을 맡았다는 소식에 이렇
게 입을 모았다. 정 전 청장은 국내 첫 코로나19 환자가 발생한
2020년 1월부터 2년 4개월간 방역 최전선을 이끌며 언론의 주
목을 받았다. 이후 정치권에서 숱한 러브콜을 받았지만 응하지
않았다고 한다. 하지만 21대 대선을 앞두고선 다른 결정을 했다.
정 전 청장은 "내란 종식이 돼야 민생 해결을 시작할 수 있다"며
총괄선대위원장직 제안을 받아들였다.

대부분 사람이 기억하는 정 전 청장의 모습은 방역 일선에

서서 검은 머리가 희끗희끗하게 변하는 모습이다. 매일 확진자 현황에 대해 브리핑했던 정 전 청장은 코로나19 유행 초기 대구에서 확진자가 급증할 때 머리를 짧게 잘랐다. 닳아버린 구두, 2020년 3월 한 달 동안 고작 5만 800원의 업무 추진비 내역 등이 화제에 올랐다.

정 전 청장은 서울대 의대를 졸업하고, 같은 대학에서 보건학 석사, 예방의학 박사 학위를 받았다. 1995년 당시 국립보건원이었던 질병관리본부 보건연구원에 특채로 임명되며 공무원 생활을 시작했다. 이후 보건복지부 응급의료과장·질병정책과장을 지냈다. 이후 2014년에는 질병관리본부 질병예방센터장을, 2016년부터는 긴급상황센터장을 역임했다. 2017년 7월에는 여성으로서는 처음 질병관리본부장을 맡았다.

2020년 9월 질병관리본부가 질병관리청으로 승격되며 초대 청장 자리에 임명됐다. 코로나19에 대한 대응으로 미국 시사주간지 타임지가 선정한 '2020 세계에서 가장 영향력 있는 100인'과 BBC 선정 '2020 올해의 여성 100인'에도 이름을 올렸다. 2020년 5월 정 전 청장은 "코로나19 극복에 기여할 기회를 얻게 돼 보람이고 영광이었다"고 마지막 소회를 밝혔다.

정치권은 그에게 꾸준히 영입을 시도했던 것으로 알려졌다. 2022년 서울시장 선거 당시 민주당은 정 전 청장의 영입을 검토했다. 22대 총선에서도 민주당이 합류를 제안했지만 고사했다. 그러던 정 전 청장은 지난달 30일 민주당 선대위 출범식에서 "팬데믹은 끝났지만, 윤석열 정부의 폭정과 내란으로 우리 일상이 다시 무너졌다"며 "정치인이 아니어서 망설이고 고민했지만 무거운 마음으로 선대위에 참여하기로 했다"고 합류 소식을 밝혔다. 윤석열 전 대통령의 비상계엄 선포가 합류의 계기가 됐다는 것이다. 그는 "오랜 시간에 걸쳐 국민이 이룩한 경제와 민주주의가 무너지는 것을 보고 분노했다. 미래가 불안하여 가만있을 수만은 없었다"며 "내란이 없었으면 정치로 나설 일은 없었을 것"이라고 말했다.

당 안팎의 인사들은 "이재명 대통령이 정 전 청장의 합류에 특히 신경을 많이 썼다"며 "대부분이 모르고 있던 영입"이라고 설명했다. 김민석 민주당 상임 공동선대위원장도 역할을 했던 것으로 알려졌다. 서울대 의대 가정의학과 임상교수로도 일했다.

한훈 전 농림축산식품부 차관

출생 1968년 전북 정읍

학력 호남고–서울대 경영학과

경력 제35회 행정고시 합격, 기획재정부 혁신성장정책관 정책조정국장 경제예산심의관 차관보(1급), 통계청장, 농림축산식품부 차관(윤석열 정부), 21대 대선 이재명 민주당 후보 직속 경제성장위원회 미래성장비전분과장

尹 정부서 차관 지낸 기재부 관료 출신

한훈 전 농림축산식품부 차관은 윤석열 정부에서 중앙부처 차관을 지낸 고위 관료 출신이다. 제21대 대선에서는 이재명 더불어민주당 후보 직속 기구인 경제성장위원회(위원장 이언주 최고위원) 미래성장비전분과장을 했다.

전북 정읍 출신인 한 전 차관은 서울대 경영학과를 졸업했고, 같은 해 35회 행정고시로 공직에 입문했다. '정부 부처의 꽃'인 기획재정부에서 관료 생활을 했다. 주로 예산실에서 근무했다. 과장 승진 전 서기관 시절에는 예산실 총괄과 주무 서기관을 했다. 기재부 한 인사는 "예산실 에이스 라인"이라고 했다. 차분하고 온화한 성품으로 기재부 내에서 따르는 후배들이 많다. 기재부 후배들이 뽑는 '닮고 싶은 상사'에 세 번 선정됐다.

한 전 차관은 이후 주일본 대사관 재정경제관을 지냈고 기재부 정책조정국장과 예산실 경제예산심의관 등을 거쳤다. 문재인 정부 막바지인 2021년 경제정책라인을 총괄하는 기재부 차관보(1급)로 승진했다. 윤석열 정부가 출범하자 통계청장으로 이동했다. 이후 농림축산식품부 차관으로 기용됐다.

경제성장위원회 수석부위원장인 안도걸 민주당 의원과는 기재부 예산 라인에서 호흡을 맞춘 경험도 있다. 안 의원이 문재인 정부 기재부 예산실장일 때 한 전 차관은 경제예산 담당 국장이었다. 안 의원이 2차관으로 승진했을 땐 한 전 차관도 차관보로 승진하며 함께 일했다. 한 전 차관이 이재명 대통령을 지원하게 된 데도 안 의원이 역할을 한 것으로 알려졌다.

한 전 차관은 윤석열 정부에서 차관을 지낸 인사라는 점에서 그의 민주당 선대위 활동은 의외라는 평가가 나왔다. 농식품부 차관일 때 민주당이 주도한 양곡관리법 개정안 처리에 정부 측 인사로서 우려를 표하기도 했다. 한 전 차관은 한 간담회에서 "법안의 취지는 공감하지만 농업 전반의 자생력 저하, 외식 물가 불안정으로 이어질 수 있다"며 지속가능한 대안 마련의 필요성을 강조한 바 있다.

그런 그가 민주당 선대위에서 활동한 건 철저히 실무적 능력 중심의 인사 기조를 강조하는 이 대통령 스타일이 반영된 것이라는 평가다. 각 분야의 전문가들이 내놓는 성장 정책 아이디어가 실제로 실현 가능하도록 정책화하는 작업을 한 전 차관이 주도하는 것으로 알려졌다. 정치권 관계자는 "한 전 차관이 정부 부처에서 오랜 기간 일하며 습득한 정책 입안 노하우를 제공하고 세부적인 정책자문을 하는 것으로 한다"고 했다.

홍성국 더불어민주당 최고위원

출생 1963년 충남 연기

학력 고려고-서강대 정치외교학과, 동국대 행정대학원
석사

경력 대우증권 리서치센터장, 미래에셋대우 사장, 21대
국회의원, 더불어민주당 지명직 최고위원

"당대표실에 경제상황판을" ⋯ 30년 증권맨 출신

홍성국 더불어민주당 최고위원은 당내 대표적인 금융경제 전
문가다. 대학교 졸업 후 증권사 평사원으로 입사해 리서치센
터장, 최고경영자(CEO)까지 지낸 '30년 증권맨' 출신이다. '경
제는 민주당' 슬로건을 만든 장본인이기도 하다.

　홍 최고위원은 이재명 대통령이 중용했지만 계파색이 강한
정치인은 아니다. 2020년 2월 21대 총선을 앞두고 홍 최고위
원을 영입한 건 이해찬 당시 민주당 대표였다. '지역 맹주'였던
이해찬 대표는 자신의 지역구(세종갑)를 홍 최고위원에게 내줬
다. 2022년 대선 당내 경선 때 홍 최고위원은 이재명 대통령이
아니라 이낙연 캠프에서 정책본부장을 했다.

이 대통령은 애널리스트 출신인 홍 최고위원의 거시경제 지표 분석력과 철저히 조직 중심적인 사고방식을 높게 평가한다고 한다. 이 대통령이 홍 최고위원을 얼마나 신뢰하는지는 홍 최고위원을 어떻게 중용했는지 보면 답이 나온다.

22대 총선을 앞두고 홍 최고위원은 재선 가능성이 큰데도 총선 불출마를 선언하면서 스스로 '배지'를 반납했다. "연구자로 돌아가겠다"는 게 불출마의 이유였다. 홍 최고위원은 사석에서 "300명 중 1명인 국회의원보다 연구자가 되어 오피니언 리더들을 대상으로 강연하고 그들의 생각을 바꾸는 게 더 영향력 있다고 판단했다"고 했다. 홍 최고위원은 정치권, 민주당과 일정 부분 거리를 두는 듯했다.

이 대통령은 그런 그를 다시 정치권으로 불러들였다. 2024년 11월 당내 기구인 국가경제자문회의 의장으로 원외 인사였던 홍 최고위원을 임명했다. 역대 국가경제자문회의 의장은 경제부총리를 지낸 김진표 전 국회의장 등 당내 중량감 있는 경제 전문가들이 임명됐던 만큼 초선 출신의 원외 인사인 홍 최고위원을 임명한 것은 파격으로 받아들여졌다.

홍 최고위원은 의장을 맡으며 예금자보호한도 1억 원 상향, 플랫폼공정화법 제정 추진, 장기투자자 지원 정책 마련, K 칩스법 정기국회 내 지원 등의 경제 정책을 제시했다. 이 대통령이 최고위원회의를 주재하는 당대표 회의실에 주가지수와 환율 등 경제지표가 실시간 표출되는 경제상황판을 설치한 것도 홍 최고위원의 아이디어다.

12·3 비상계엄 사태로 조기 대선이 치러질 가능성이 커진 지난 2월, 이 대통령은 홍 최고위원을 지명직 최고위원으로 전격 발탁했다. 이 대통령이 민생 경제 행보를 본격화하면서 경제 전문가인 홍 최고위원을 당 지도부의 일원으로 중용한 것이다. 민주당 한 인사는 "이 대통령이 홍 최고위원의 전문성을 높게 평가한다는 의미"라며 "당시 이 대통령이 여러 최고위원의 의견을 듣고 홍 최고위원을 직접 지명했다"고 했다.

이 대통령이 홍 최고위원을 신뢰하는 또 다른 이유는 '사람'보다는 '민주당'이라는 조직에 충실하기 때문이다. 홍 최고위원은 특정 정치 계파에 속하지 않고 꾸준히 당에서 주요 역할을 해왔다. 김태년 원내대표 때는 원내부대표, 박광온 원내대표 때는 원내 경제대변인을 했다. 홍익표 원내대표 체제 때는 경제특보를 했다. 민주당 관계자는 "어느 지도부가 들어서든 홍 최고위원의 능력을 믿고 썼다"고 했다.

홍 최고위원은 21대 국회 때 정무위원회와 기획재정위원회, 예산결산특별위원회 등에서 활동하면서 레고랜드 사태, 상호금융 부실 사태 대응 등의 이슈를 주도했다. 불법 계좌대여 알선 및 중개행위를 금지하는 자본시장법 개정안, 연체 중인 통신비와 건강보험료를 채무조정받을 수 있는 채무자보호법, 부동산 PF 위기 대응을 위한 배드뱅크 설치법 등이 홍 최고위원이 대표 발의한 법안들이다. 금융교육진흥법 제정안도 냈다.

100여 명이 참여하고 있는 민주당 공부 모임 '경제는 민주당'을 김태년 의원과 운영하면서 22회의 강연을 했다. 이 모임에는 민주당 현역의원 50~60명이 꾸준하게 참석하고 있다. 당 안팎에서는 이 대통령이 우리나라 경제의 '파이'를 키우는 산업 분야 성장 전략을 짜는 역할을 홍 최고위원에게 맡길 수 있다는 관측이 있다.

황인권 전 육군대장

출생	1963년 전남 보성
학력	광주 석산고–호남대 법률실무학과, 육군 3사관학교(20기)
경력	제8보병사단 10연대장, 도군단 작전참모, 제8군단 참모장, 육군3사관학교 생도대장, 제51보병사단장, 제2작전사령관, 민주당 국방안보특별위원회 공동위원장, 제21대 대선 선대위 국방안보위원회 위원장

'수불석권' 전략통 군인

황인권 전 육군대장(4성)은 비육군사관학교 출신으로 군 최고 위직으로 꼽히는 제2작전사령관을 지낸 안보 전문가다. 전역 후 더불어민주당 국방안보특별위원회 공동위원장으로 활동 했고, 21대 대선에선 선거대책위원회의 국방안보위원장을 맡았다.

전남 보성 출신인 황 전 대장은 호남대 법률실무학과를 졸업한 뒤 육군 3사관학교(20기)에 들어갔다. 제2작전사령관, 제8군단장, 제51보병사단장 등 요직을 거친 '작전통'이다. 대령 시절 제8사단 10연대장, 수도군단 작전참모 등을 거쳤고, 소장 계급에서는 제51보병사단장을 역임했다.

문재인 정부 때인 2018년 중장에서 대장으로 진급한 그는 제2작전사령관에 임명됐다. 군내 기득권이었던 육군사관학교 출신들의 입김을 줄이겠다는 문 전 대통령의 정책 의지가 반영된 인사였다는 평가다. 황 전 대장은 군의 정치적 중립성과 민·군 협력을 강조했다.

이재명 대통령과 인연을 맺은 건 2022년 대선 때다. 당시 이재명 대통령의 '열린캠프'에 합류해 스마트강군위원회에서 활동했다. 실력 있는 군 수뇌부 출신 인사를 영입해 민주당이 안보를 책임질 능력을 있다는 점을 부각하려는 의도로 풀이된다. 황 전 대장은 이후 민주당 국방안보특위 공동위원장으로 병사 급여 인상과 인력 구조 개편 등 국방혁신 의제를 주도했다.

군을 동원해 12·3 비상계엄을 선포한 윤석열 전 대통령을 향해선 강하게 비판했다. 지난 3월 27일 '윤석열 즉각 파면 비상시국 결의대회'에 참여해 "내란을 완전 종식하기 위해서는 윤 전 대통령의 책임을 명확히 물어야 한다"고 강조했다. 군이 계엄의 도구로 활용돼선 안 된다는 소신을 밝히기도 했다. 그는 지난 3월에는 광주 5·18 국립민주묘지를, 지난 4월에는 제주 4·3평화공원을 찾았다. 민주당 안보특위 명의로 '군사쿠데타 방지를 위한 군 개혁 촉구 성명'을 발표했다.

황 전 대장은 독서광이다. 제51보병사단장 시절 '독(讀)한 부대' 캠페인을 열어 제2작전사령관 때는 전 장병이 하루

20분씩 독서하는 시간을 갖도록 했다. 한 인터뷰에서 그는 "적과 싸워 이기는 군인은 공부하는 군인"이라며 "나폴레옹, 알렉산더 등 위대한 군인들은 모두 책을 가까이했다"고 말했다. 그의 명함은 책갈피 모양인 것으로 알려졌다.

황 전 대장은 21대 대선 선대위의 국방안보위원회에서 위원장으로 활약했다. 이재명 정부에서도 국방개혁과 안보정책을 이끌어갈 가능성이 높다.

7장

민주당 전·현직 의원 그룹

이재명 사람들

강선우 더불어민주당 의원

출생 1978년 대구

학력 경상여고─이화여대 영어교육과, 이화여대 소비자
인간발달학 석사, 위스콘신대 매디슨캠퍼스 인간
발달 및 가족학 박사

경력 사우스다코타 주립대 인간발달학 조교수, 더불어
민주당 부대변인, 문재인 대선 캠프 선대위 부대변
인, 21·22대 국회의원, 22대 국회 민주당 보건복지
위 간사, 더불어민주당 국제위원장

하라리, 샌델 대담 성사시킨 '기획통'

강선우 더불어민주당 의원은 교수 출신 재선 의원이다. 문재
인 정부 때인 2020년 21대 총선을 앞두고 조국 전 법무부 장
관 임명에 반대한 현역 금태섭 의원을 당내 경선에서 누르고
후보로 선출됐다. 이낙연 전 대표 당시 당 대변인을 지냈다.

친문 인사로 중앙정치에 데뷔했지만 이내 이재명 대통령에
게 발탁됐다. 재선 의원 중 유일하게 이 대통령이 직접 후원회
장을 맡기도 했다. 이번 대선에서는 이 대통령의 해외언론 인
터뷰 등을 주선하며 두터운 신임을 얻고 있다.

강 의원이 정치권에 본격적으로 입문한 건 지난 2016년이다.
발달장애 딸을 키우면서 미국에서 공부하던 그는 "정치밖에 답

이 없다"며 정치권에 뛰어들었다. 20대 총선을 앞두고 스스로 비례대표 공천을 신청했지만 29번을 배정받으며 낙선했다.

이후에는 당 부대변인부터 차곡차곡 이력을 쌓기 시작했다. 2016년 민주당 부대변인을, 2017년 4월에는 문재인 당시 후보 대선 캠프에서 부대변인직을 맡았다. 2019년 서울 강서구갑 현역이던 금 의원을 당내 경선에서 누르고 최종 후보로 선출되면서 금배지를 거머쥐었다. 조국 전 법무부 장관과 각을 세우던 금 전 의원과는 다르게 이들을 지지하는 당원들을 집중적으로 공략하며 당 내외 표심을 다졌다.

친문에 가깝던 강 의원은 2022년 대선을 앞두고 이 대통령과 가깝게 지내기 시작했다. 문재인 정부 청와대에서 근무한 인사들 일부가 이재명 당시 경기지사 캠프에 합류하면서다. 강 의원은 당시 후보 직속 기획단부단장으로 활동했다. 다만 이때 인사는 '탕평책' 기용에 가깝다는 것이 당 안팎의 평가다.

강 의원은 여러 유력 인사들과 이 대통령과의 만남을 잇달아 성공시키며 본격적인 친명 인사로 자리매김하기 시작했다. 이 대통령과《정의란 무엇인가》의 저자 마이클 샌델 하버드대 교수,《사피엔스》의 저자 유발 하라리 히브리대 교수와의 만남의 배경엔 강 의원이 있다. 이 대통령의 외신 인터뷰들도 모두 강 의원의 손길을 거쳤다. 한 민주당 관계자는 "온화한 이미지와 대선 당시 보여준 기획력으로 탕평 인사에서 측근으로 자리매김했다"고 설명했다.

강 의원은 발달장애가 있는 딸을 위해 딸과 함께 미국으로 이주했다. 위스콘신대 매디슨 캠퍼스에서 박사 학위를 취득하고 사우스다코타 주립대 조교수로 임명됐다. 2021년에는 폐지를 줍기 위해 리어카를 끌다가 외제차를 긁은 노인의 벌금을 대납해 언론에 화제가 되기도 했다. 당시 강 의원은 언론에 "마음이 아파서 냈다"고 입장을 밝혔다. 강 의원은 국회 보건복지위원회 민주당 간사를 맡고 있다.

강유정 더불어민주당 의원

출생 1975년 서울

학력 한영외고–고려대 국어교육학 학사, 고려대 국어국
문학 석·박사

경력 조선일보·경향신문(문학평론)·동아일보(영화평론)
신춘문예 당선, 강남대 글로벌인재대학 한영문화
콘텐츠학과 교수, 더불어민주당 원내대변인, 22대
국회의원

신춘문예 3관왕 출신 '문화 책사'

강유정 더불어민주당 의원은 문학·영화 평론가 출신 초선 의
원이다. 22대 총선 때 비례연합정당인 더불어민주연합에서 비
례 9번을 받아 당선됐다.

강 의원은 정계 입문 이후 정치권에서 보기 드문 문화 전문
가란 경력으로 주목받았다. 당선 직후 당의 메시지를 전하는
원내대변인에 파격 발탁된 이유다. 문화예술특별위원회 공동
위원장, 게임특별위원회 공동위원장 등을 지냈다.

정치권에선 신인 축에 속하지만, 문화 애호가들 사이에선
익숙한 얼굴이다. EBS 〈시네마천국〉, KBS 〈박은영 강유정의
무비부비〉 등 방송 출연과 언론 기고로 잘 알려졌다. 청룡영화

상 심사위원을 맡을 정도로 영화계 내 입김도 세다.《시네마토피아》,《오이디푸스의 숲》등 저술 활동에도 힘썼다. 최근《다시 만날 세계에서》(공저)에선 12·3 비상계엄 사태에 맞선 이들의 목소리를 에세이 형태로 풀어냈다.

애초 그의 생애 궤적은 '문학소녀'에 가까웠다. 1975년 서울에서 태어난 강 의원은 한영외고를 졸업한 뒤 고려대에서 국어국문학으로 석·박사를 받았다. 조선일보와 경향신문(문학평론), 동아일보(영화평론) 신춘문예 3관왕이다. 이러한 경력을 살려 강남대 글로벌인재대학 한영문화콘텐츠학과 교수로서 강단에 섰다.

정치와 거리가 멀었던 삶은 2023년 서울 국제도서전을 계기로 180도 달라졌다. 김건희 여사의 개막식 축사 도중 한 무리의 문화예술인이 경호원들에 의해 끌려 나간 것이다. 송경동 시인 등 10여 명의 작가들이 문화계 블랙리스트 사건과 관련해 항의하러 나선 자리였다. 이를 지켜보던 강 의원은 해당 사건을 '문화예술계 입틀막'으로 규정했다. 정치권 입문을 결심한 순간이다.

그는 한 인터뷰에서 "안타까운 마음이었는데 총선에 나가는 문화예술계 인사가 아무도 없다는 사실을 알게 됐다"며 "마침 도종환 전 의원마저 경선에서 떨어졌다. 국회의원 300명 중 문화예술계를 대표하는 사람이 한 명도 없다는 건 말이 안 된다고 생각했다"며 입당 배경을 설명했다.

이재명 대통령과는 비례대표 당선 이후 처음 만났다고 한다. 이 대통령의 당 대표 시절 문화특보로 활약하며 민주당의 문화정책에 굵직한 영향을 미쳤다. 문화예술계 블랙리스트 사태 재발 방지를 위한 '예술인권리보장법' 개정안을 발의한 것이 단적인 예다. 이 같은 활동은 이 대통령의 사회적 약자 보호와 표현의 자유 확대라는 정책 비전과도 공명한다는 평가다.

강 의원은 21대 대선 민주당 경선 과정에서 이 대통령 캠프 대변인직에 올랐다. 이 대통령이 제시한 국가 비전인 'K 이니셔티브' 등의 메시지를 대중과 언론에 전달하는 역할을 했다. A4용지 11매 분량의 이 대통령 대선 후보 수락 연설문 작성도 강 의원이 주도한 것으로 알려졌다.

강훈식 더불어민주당 의원

출생 1972년 충남 아산

학력 명석고–건국대 경영정보학과

경력 건국대 총학생회장, 20·21·22대 국회의원, 더불어
민주당 수석대변인·전략기획위원장·충남도당위원
장, 국회 산업통상자원중소벤처기업위원회 보건복
지위원회 예산결산특별위원회 간사, 이재명 대선
후보 선대위 종합상황실장

선대위 종합상황실 이끄는 전략과 공보의 귀재

강훈식 더불어민주당 의원은 21대 대선에서 당 중앙선거대책
위원회 종합상황실장을 맡았다. 정무적 판단이 뛰어난 당내
브레인으로 통한다. 계파 색채가 옅지만, 주요 당직을 두루 지
낸 건 전략적 판단이 뛰어나다고 인정받은 덕분이다.

강 의원은 당내 경선 과정에서 이재명 대통령 캠프 총괄본
부장을 맡았다. 실무 총책임자로서 캠프 각 단위에서 올라오
는 보고에 대해 발 빠르게 가르마를 타고 정무적 판단을 하는
역할을 담당했다.

강 의원은 2018년 지방선거 때 전략기획위원장, 2020년
20대 총선 때 수석대변인, 2021년 대선경선기획단장으로 일한

당내 대표적인 전략과 공보의 귀재로 꼽힌다. 지난 대선에서 이 대통령이 경선 승리 후 초기에는 정무조정실장을 맡았다. 정무적 보좌 능력을 인정받아 이 대통령의 신뢰를 얻었고, 2021년 11월 당직 개편 때 당 전략기획위원장으로 복귀했다. 그러면서 자연스레 이 대통령 대선 선대위 전략기획본부장을 겸했다.

이 대통령의 저돌적 '사이다 화법'은 매력 포인트로 꼽혔으나 실언 논란에 휘말리기도 했다. 이때 걸어가면서 기자들의 질문에 답하는 이른바 '백브리핑'을 못하게 한 것도 강 의원의 의견인 것으로 전해졌다. 그 덕분에 이 대통령의 실언이 줄면서 차츰 지지율도 회복된 바 있다. 한 정치권 관계자는 "강 의원이 자칫 어려울 수 있는 이 대통령에게 격의 없이 과감하게 의견을 제시하고, 그런 강 의원의 성향을 이 대통령이 좋게 보는 것 같다"고 했다.

강 의원과 이 대통령의 인연은 2022년 당대표 선거로 이어진다. 그동안 보좌하는 역할이었던 강 의원은, 잠시였지만 경쟁 상대로 이 대통령과 맞붙었다. 강 의원이 '97세대(90년대 학번, 70년대생)' 대표 주자로 출사표를 던지면서 이 대통령과 달리 '미래 리더십'을 부각했다. 당시 이재명, 박용진, 강훈식 세 후보가 경쟁했다. "사당화된 정당은 안 된다"고 외치던 다른 후보와 달리 강 의원은 적정한 선에서 이 대통령의 강한 팬덤을 우려는 했지만 각을 세게 세우진 않았다. 강 의원은 당대표 선거 기간 도중 후보를 사퇴했다. 단일화를 위한 사퇴는 아니라고 강조했지만 결과적으로는 이 대통령의 '페이스메이커' 역할을 한 것으로 해석되는 행보였다.

1999년 건국대 총학생회장 출신인 강 의원은 2000년 신훈 패션이라는 의류업체를 창업하고 '노사모(노무현을 사랑하는 모임)' 티셔츠를 제작했다. 배지를 달기 전만 해도 그는 '손학규 계'로 분류됐다. 2007년 대선을 앞두고선 손학규 캠프 기획팀 장을 맡았고, 손학규 당대표 시절에는 정무특보를 지냈기 때문이다. 하지만 당을 떠난 손학규 전 대표와 달리 민주당에 끝까지 남은 덕분에 문재인 전 대통령과 이해찬 전 대표 등에게 중용됐다.

30대 중반부터 과감히 총선에 도전했다. 18대 총선에서는 본선에서, 19대 총선에서는 경선에서 낙선했지만, 삼수 끝에 2016년 고향 충남 아산을 지역구에서 당선됐다. 스타트업과 벤처기업 성장을 지원하는 국회 연구모임인 '유니콘팜'을 주도적으로 결성해 이끌었다.

3선이 된 뒤에는 지역구 활동에 더 전념하는 분위기다. 청년 때부터 지역구에 도전한 덕분에 3선인데도 나이가 50대 초반이다. 정치권에서 비교적 젊은데 경험까지 풍부해 '충청의 맹주'로 부상하고 있다. 지역 정가에서는 "내년 지방선거에서 유력한 충남지사 후보가 아니겠나"라는 말이 나온다.

김민석 더불어민주당 최고위원

출생 1964년 서울

학력 숭실고–서울대 사회학과(총학생회장)

경력 김대중 새천년민주당 총재 비서실장, 20대 대선 민주당 선대위 전략기획본부장, 15·16·21·22대 국회의원, 더불어민주당 정책위의장 최고위원, 21대 대선 민주당 선대위 상임 공동선대위원장

산전수전 다 겪은 최고 전략가

김민석 더불어민주당 최고위원은 대표적인 신명계 인사로 분류된다. 서울대 총학생회장과 전국학생총연합 의장을 지낸 86학생운동 세대의 간판이다. 1990년 김대중 전 대통령이 발탁해 '김대중의 정치적 양자'로도 불렸다. 김 전 대통령의 새천년민주당 총재 시절 비서실장도 지냈다.

32세 나이에 15대 총선에 당선돼 최연소 국회의원 타이틀을 달았다. 청문회 등에서 날카로운 질문과 논리로 '스타 정치인'으로 주목받으며 전성기를 구가했다. 정치적 변곡점은 2002년 찾아왔다. 그해 민주당 서울시장 후보로 선출되며 재선 의원직을 사퇴했지만, 이명박 후보에게 패했다. 같은 해 노

무현-정몽준 대선후보 단일화 과정에서는 노무현 후보가 아
닌 정몽준 후보 측에 서면서 2020년 치러진 21대 총선에서 다
시 배지를 달기까지 18년간 혹독한 정치적 고난기를 보냈다.
'철새 정치인'으로 낙인찍힌 것도 이때다.

　18년 만인 2020년 국회로 돌아와서는 이재명 체제의 황태
자로 떠올랐다. 2022년 대선에서 이재명 대통령 선대위 전략
기획본부장을 맡은 게 결정적 계기가 됐다. 2023년 이 대통령
체포동의안 표결 과정에서 당내 이탈 표가 나오는 등 내홍이
빚어졌지만, 김 최고위원은 "부결하겠다"며 "체포안이 가결되
면 당의 자해적 혼란을 낳을 것"이라고 공개적으로 발언해 화
제가 됐다.

　이 대통령의 신임도 상당히 두텁다. 민주당 핵심 관계자는
"이 대통령이 주요 의사결정 과정에서 김 최고위원과 수시로
소통하고 의견을 듣는 것으로 안다"며 "상당한 영향력을 가지
고 있다"고 했다. 지난해 8월 전당대회 레이스 초반 최고위원
에 출마한 김 최고위원의 득표율이 저조했는데, 이 대통령이
유튜브 라이브방송에서 "김민석 표가 왜 이리 안 나오느냐"며
작심하고 지원 사격을 했다. 그러자 당원들 사이에서 김 최고
위원 '몰표'가 나왔다.

　그 결과 18.23%를 득표해 1위를 차지하며 수석최고위원 자
리에 앉게 됐다. 김 최고위원은 당시 전당대회에서 "김대중과

이재명을 잇는 다리가 되겠다"고 했고, 현장에서는 환호성이 쏟아졌다. 이는 김 최고위원이 친명 핵심으로 입지를 다지는 계기가 됐다. 이 대통령이 김 최고위원의 정무적 판단 능력을 높게 샀다는 게 정치권 관계자들의 평가다.

이후 김 최고위원은 여러 매체와의 인터뷰 등을 통해 "이재명 집권의 토대를 갖추겠다", "이재명 일극 체제는 김대중 대통령 때처럼 시대정신이 반영된 것", "이재명 지지율 1위는 시대적 흐름에 부응한 것"이라고 주장하며 이 대통령을 전폭적으로 지원했다. 김 최고위원은 최근《이재명에 관하여》라는 책도 출간했다. 그는 책에서 "(이 대통령은) 학생운동 출신의 동년배 586정치인과는 감각이 다르다"며 "집단지성을 믿는 쿨한 토론가"라고 평가했다.

그는 12·3 비상계엄 국면에서는 '비상계엄 예언자'로 대중의 이목을 끌었다. 그는 지난해 8월 윤석열 전 대통령이 김용현 대통령 경호처장을 국방부 장관 후보자로 지명하자 "계엄령 준비 작전이라는 게 저의 확신"이라고 주장했다. 정부의 계엄령 선포 요건을 강화하는 이른바 '서울의 봄 4법'을 발의하기도 했다. 그때까지만 해도 정치권에서는 "아무런 근거 없는 망상"이라는 비난이 주류였다. 민주당 내에서도 김 최고위원의 주장과 거리를 두려는 모습이 역력했다. 그러나 실제 비상계엄이 선포되자 김 최고위원의 정치적 입지가 강화됐다. 김 최고위원의 계엄 선포 주장을 비판했던 국민의힘 의원들은 국회 상임위원회에서 공개 사과하기도 했다.

　김 최고위원은 18년 만에 원내로 돌아와서는 국회 행정안전위원회, 예산결산특별위원회, 보건복지위원회, 연금개혁특별위원회, 국방위원회 등에서 두루 활동했다. 정책위원회 의장도 했다.

김우영 더불어민주당 의원

출생 1969년 강릉

학력 강릉고−성균관대 국문학, 한국과학기술원 미래전략대학원 경영학 석사

경력 서울 은평구청장(민선 5·6기), 서울시 정무부시장, 20대 대선 이재명 경선 캠프 정무특보단장, 더민주혁신회의 상임운영위원장, 22대 국회의원, 민주당 당대표 정무조정실장, 21대 대선 민주당 선대위 내란종식헌정수호본부 부본부장

'당원민주주의'로 李 체제 확립

김우영 더불어민주당 의원은 수년간 원외에서 이재명 대통령을 지원한 친명계 인사다. 당내 선거 과정에서 권리당원의 영향력을 확대해 이 대통령 체제를 공고히 하는 데 혁혁한 공을 세웠다고 평가받는다.

강릉 출신인 김 의원은 초·중·고등학교를 고향에서 나온 뒤 성균관대에서 국문학을 전공했다. 1996년 장을병 통합민주당(민주당의 전신) 의원 비서관으로 정계에 들어선 김 의원은 2010년 서울 은평구청장에 당선돼 재선을 했다. 2018년 문재인 정부에서 제도개혁비서관을 한 뒤 2020년 서울시 정무부시장으로 일했다.

친명계로 존재감을 드러낸 건 2021년 이 대통령을 지지하는 전국 조직 '민주평화광장'에 이름을 올리면서다. 같은 해 이 대통령이 20대 대선에 출마하자 선거대책위원회 정무특보단장을 맡아 대변인으로 활동했다. 한 민주당 관계자는 "2020년 박원순 서울시장이 유명을 달리하면서 그를 따르던 인사들 대부분이 친명계로 합류했다"며 "김 의원도 그중 한 명"이라고 설명했다.

2023년 친명 원외 모임인 더민주전국혁신회의(더민주)가 조직될 땐 상임운영위원장을 역임했다. 김 의원이 위원장을 맡은 동안 더민주는 '120만 권리당원 중심의 직접민주주의'라는 기조하에 대의원제 폐지, 특별당규 개정, 현역 하위의원 20% 공천 배제 등을 주장했다.

이 대통령은 이 같은 내용을 대거 받아들여 같은 해 말 중앙위원회에서 하위 평가 현역 의원에 대한 경선 페널티 강화, 전당대회 시 권리당원 영향력 확대 등의 당헌 개정을 추진했다. 한 민주당 의원은 "20대 대선을 치르며 이 대통령 강성 지지자들이 권리당원으로 대거 유입됐다"고 했다.

이후 김 의원은 22대 공천이 본격화하자 서울 은평을에 출마를 선언했다. 비명계 강병원 현역 의원에 대한 당내 비토 정서가 극에 달했을 때다. 출마를 공식화한 시점까지 3년간 강원도당위원장을 맡아온 이력으로 인해 논란이 일었지만, 강 의원을 꺾고 최종 후보로 낙점돼 배지를 달았다.

22대 국회에 들어선 이 대통령의 정무조정실장을 지내며 당의 주류로 거듭났다. 그가 위원장을 역임한 더민주도 31명의 의원을 배출하며 당내 최대 계파로 급부상했다. 21대 대선 때는 선대위 산하 '내란종식 헌정수호본부' 부본부장을 맡았다. 한 민주당 관계자는 "당내에서 '강성 스피커' 역할을 할 가능성이 있다"고 점쳤다.

김윤덕 더불어민주당 의원

출생 1966년 전북 부안

학력 동암고─전북대 회계학과

경력 전라북도의회 의원, 19·21·22대 국회의원, 20대 대
선 민주당 선대위 조직혁신단 총괄단장, 더불어민
주당 사무총장, 21대 대선 민주당 선대위 총괄수석
부본부장(총무본부장)

선대위 살림 챙긴 신명계

김윤덕 더불어민주당 의원은 21대 대선 민주당 선대위 총괄수
석부본부장을 지낸 3선 의원이다.

전북 부안 출신인 김 의원은 전주 동암고와 전북대 회계학
과를 졸업했다. 대학 재학 시절 민주화운동을 했다. 민족민주
혁명당(민혁당) 전북지역 책임자를 맡아 전북지역 15개 대학
을 통합하는 역할을 한 것으로 알려져 있다. 과거 저서에서 학
생운동 경력을 정리하면서 "20대 청춘을 불꽃처럼 살았던 학
생운동 시절은 나의 자랑이자 자부심이다. 그리고 내 삶의 원
천이 되고 있다"고 밝힌 바 있다.

시민사회 활동을 거쳐 2006년 전라북도 도의원으로 정치에

본격적으로 발을 들였다. 2012년 19대 총선에서 전북 전주갑에 출마해 당선되며 중앙 정치 무대에 진입했다. 2016년 20대 총선에서 원외로 물러났지만, 전주갑 지역위원장과 더불어민주당 전라북도당위원장을 맡아 7회 전국동시지방선거를 승리로 이끄는데 기여했다는 평가를 받았다. 이후 21대, 22대 전주갑에서 연이어 당선되며 3선 의원 명단에 이름을 올렸다.

이해찬 전 민주당 대표는 김 의원에 대해 "민주화운동의 선두에 섰고 시민사회운동가로서 군부독재에 굴하지 않고 꿋꿋하게 싸워온 자랑스러운 후배"라며 "19대 국회의원 시절 '부도임대 아파트 문제 해결' 등 전주를 위해 많은 성과를 이룬 훌륭한 정치인"이라고 평가했다. 다만 21대 국회 때 잼버리 공동조직위원장을 맡아 곤욕을 치르기도 했다. 새만금에 잼버리를 유치하는 데까지는 성공했으나 행사가 파행을 빚으면서 공개 사과한 바 있다.

22대 국회 들어 김 의원은 신명계로 분류되는 등 이재명 2기 민주당에서 핵심 실무를 두루 맡았다. 그는 2021년 전북 지역 국회의원 중 유일하게 이재명 당시 경기지사의 대권 도전을 공개 지지했다. 이후 20대 대선에서 이재명 대선 캠프에서 조직본부장, 조직혁신단 총괄단장 등을 역임하며 선거 실무를 총괄했다.

21대 대선에서는 선대위 선거사무장 겸 회계책임자로서

중앙선거관리위원회에 후보 등록을 직접 맡는 등 친명으로서의 입지를 재확인했다. 이 대통령에 대한 외부 테러 위협 의혹이 제기됐을 때도 '이재명테러대응 TF'에서 간사를 맡아 적극 대응하기도 했다.

김태선 더불어민주당 의원

출생	1979년 대전
학력	울산 현대고-한국외대 이란어과
경력	울산시장 정무수석비서관, 22대 국회의원, 민주당 원내부대표, 당대표 수행실장

李 그림자 보좌한 수행비서

김태선 더불어민주당 의원은 21대 대선 기간 이재명 대통령의 수행실장을 한 초선 의원이다. 이 대통령이 전국 유세를 다닐 때 늘 현장에 따라다녔다. 현장 유세가 별 탈 없이 매끄럽게 흘러간 데 김 의원의 역할이 컸다는 평가를 받았다.

김 의원은 22대 총선에서 극적인 표 차이(568표)로 울산 동구에서 당선됐다. 울산 동구는 정몽준 전 의원이 내리 5선을 하고, 이후에도 국민의힘 계열 정당 후보가 당선됐을 정도로 전통적으로 보수세가 강한 지역이다. 김 의원은 이 지역에서 민주당 후보가 당선된 첫 기록을 세웠다.

김 의원은 대전 출생이지만 HD현대중공업에 32년 근무한

아버지를 따라 태어나자마자 울산으로 이주해 초·중·고등학교를 졸업했다. 2006년 열린우리당 당직자로 정치권에 입문했다. 2020년엔 문재인 전 대통령의 친구인 송철호 전 울산시장의 정무수석비서관을 지냈다.

김 의원은 국회 환경노동위원회에 소속돼 노동 법안을 다수 발의했다. 울산 동구에 HD현대중공업을 비롯해 많은 조선업체가 자리한 만큼 하청노동자의 권리를 확대하는 방향의 법안을 주로 발의했다.

그는 국회의원 당선 직후 한 매체와의 인터뷰에서 "역대 울산 동구 국회의원 중 환경노동위원회에서 활동한 사람이 없었다"며 "노동 현안을 제대로 다루겠다"고 했다. 특히 "지방 소멸 위기를 막으려면 동구 실정에 맞는 맞춤형 특별법을 제정해야 한다"고 했고, "발전적인 노사관계를 위한 다리 역할을 하겠다"고도 했다.

김 의원은 노동조합 및 노동관계조정법 2·3조 개정안을 재추진해야 한다고 강하게 주장하고 있다. 기관장이 임금을 상습 체납한 사업주의 구인 신청을 거부할 수 있는 직업안정법 개정안을 발의한 것도 이런 맥락에서다. 지난해엔 '동일가치노동 동일임금' 원칙을 강화하는 취지의 근로기준법 일부개정안도 발의했다. "소외되기 쉬운 소규모 사업장 노동자를 보호하는 전환점"이라고 발의 취지를 설명했다.

지난해 김 의원은 정치인으로선 젊은 40대에 민주당 원내부 대표로 선임됐다. 정치권 관계자는 "능력주의를 기조로 삼는 이 후보의 성정을 비춰보면 김 의원을 그만큼 신뢰한다는 의미"라고 말했다.

박선원 더불어민주당 의원

출생 1963년 전남 나주

학력 영산포상고-연세대 경영학과, 연세대 국제학 석사, 영국 워릭대 국제정치학 박사

경력 22대 국회의원, 청와대 통일외교안보전략비서관 (노무현 정부), 국가정보원 제1차장

"평화적 핵 활동 확대 얻어내야"… 李가 고른 영입인재

박선원 더불어민주당 의원은 22대 총선을 앞두고 이재명 대통령이 영입한 인사다. 국가정보원 고위 관료 출신으로 민주 진보 진영 내 외교·안보 분야 역량을 갖춘 인사로 평가받는다.

박 의원은 2023년 말 22대 총선을 앞두고 민주당 4호 영입인재로 합류했다. 이재명 대통령은 당시 당대표 겸 인재위원장을 맡고 있었다. 이 대통령은 박 의원을 영입하면서 "외교·안보 그리고 국민의 건강은 무엇보다 중요한 일"이라며 "민주당의 든든한 기둥이 돼주시길 바란다"고 말했다.

박 의원은 전남 나주에서 태어나 연세대 경영학과, 연세대 국제대학원 석사 과정을 마치고 영국 유학길에 올라 2000년 워릭대에서 국제정치학 박사 학위를 받았다. 유학을 마치고 귀국한 그는 2003년 노무현 대통령 인수위원회에서 통일외교안보분과 자문위원을 했고, 참여정부 국가안전보장회의(NSC) 전략기획실 행정관을 거쳐 통일외교안보전략비서관을 지냈다.

통일외교안보전략비서관을 지낼 당시 2006년 미국 워싱턴 백악관에서 열린 한미정상회담에 배석하는 등 노무현 당시 대통령의 신망을 두텁게 받았다. 2007년 남북정상회담 실무를 주도하며 정상회담 성사를 이뤄낸 주역으로도 이름을 널리 알린 바 있다. 2017년 대선 국면에서는 문재인 대통령 후보 선거대책위원회 안보상황단 부단장을 맡아 당시 단장이었던 서훈 전 국가정보원장과 함께 문재인 정부의 외교·안보 정책 밑그림을 그렸다.

이후 서훈 국가정보원장의 외교안보특별보좌관, 국가정보원 기조실장을 거쳐 2021년 11월에는 국가정보원 제1차장을 역임하며, 국가정보원 개혁을 비롯해 대북 현안 해결과 한반도 평화프로세스를 진전시키기 위해 노력했다.

박 의원은 22대 총선에서 인천 부평을에 출마해 당선됐다. 이 지역구는 홍영표 전 민주당 원내대표가 현역이었다. 이른바 '비명횡사' 공천으로 홍 전 원내대표는 민주당을 떠나 새미래민주당으로 갔고, 그 자리를 박 의원이 꿰찼다.

국회에서 박 의원은 국방위원회와 정보위원회에서 활약하

고 있다. 12·3 계엄 사태가 일어나기 수개월 전 민주당 내에서 계엄을 예상하고 의혹을 제기했던 인물 중 하나다. 지난 2월 본회의장에서 이재명 당시 대표와 김민석 최고위원에게 수첩을 펼쳐 도널드 트럼프 미국 대통령을 노벨평화상 후보로 추천하자고 제안하는 모습이 언론사 카메라에 포착되기도 했다.

박 의원은 민주당 내에서 우리나라가 핵확산금지조약(NPT)을 유지하면서 평화적 핵 활용을 확대하는 쪽으로 미국 측으로부터 보장받을 필요가 있다는 입장을 견지하고 있다. 박 의원은 미국이 앞장서서 북한과 핵 문제를 해결하려고 한다면 우리가 반대할 일이 아니고, 대신 미국으로부터 평화적 핵 활동을 확대하는 쪽으로 우리 정부가 이득을 취해야 한다는 입장이다.

박 의원은 지난 2월 한 토론회에서 "북한은 핵무기를 가지고 있으면서 비핵화를 최종적으로 할 것인지도 보장이 안 된 상태"라며 "그렇기 때문에 우리는 NPT의 성실한 회원국으로 남아 있으면서도 NPT의 제3조(핵에너지의 평화적 이용)와 제4조(평화적 핵 이용에 대한 권리)를 통해 평화적 핵 활동을 확대할 수 있는 권리를 갖고 있다"고 했다.

박 의원의 당내 존재감은 정보력에서 나온다. 본인도 국정원 고위 간부 출신이지만, 보좌관으로 국정원 출신 인사를 영입한 효과를 보고 있는 것으로 알려졌다.

박성준 더불어민주당 의원

출생 1969년 충남 금산

학력 대전 명석고-한국외대 정치외교학과

경력 대전KBS JTBC 아나운서, 21·22대 국회의원, 더불어민주당 원내수석부대표, 21대 대선 민주당 선대위 정무2실장

정무실장 꿰찬 선대위 정무라인 '투 톱'

박성준 더불어민주당 의원은 아나운서 출신 재선 의원이다. 친명 핵심인 박찬대 원내대표 체제에서 원내운영수석부대표에 임명됐다. 주요 법안 처리 전략 등 원내 운영 전략을 주도했다.

21대 대선에서 선대위 정무2실장을 맡았다. '찐명'으로 분류되는 김영진 의원(정무1실장)과 투 톱 정무실장으로, 박 의원의 정치적 존재감이 더욱 강화됐다는 평가가 나왔다. 이재명 대통령의 정책과 메시지를 전달하는 데 중추적인 역할을 했다.

박 의원은 충남 금산 출신이다. 금산에서 중학교까지 마치고 대전으로 올라가 명석고를 1회로 졸업했다. 어렸을 때부터 정치를 꿈꿨다고 한다. 한국외대에서 정치외교학을 전공했다. 대학을 졸업하고 난 뒤엔 1996년 KBS 23기 아나운서에 합격해 언론인의 길을 걷기 시작했다. 2011년엔 종합편성채널이 출범하자 JTBC로 자리를 옮겼다. 2020년 21대 총선을 앞두고 JTBC를 떠나 민주당 당적으로 서울 중·성동을에 공천되며 국회에 입성했다. 김태년 원내대표 체제에선 원내대변인으로 활동했다. 22대 총선에서 재선에 성공한 뒤엔 원내운영수석부대표로 임명됐다.

당시 당대표였던 이 대통령에게 원내 전략을 비롯해 다양한 정무적 조언을 건네는 등 공보뿐 아니라 정무·운영 등 다방면에서 능력을 발휘하며 친명계로 확실하게 자리매김했다는 후문이다.

박찬대 원내지도부 체제에서 국무위원 탄핵을 주도하며 '강성 친명'으로 주목을 받았다. 한덕수 국무총리, 최상목 경제부총리 겸 기획재정부 장관을 비롯한 윤석열 정부 국무위원 연쇄 탄핵을 주도하면서 당내 일각에서도 비판을 받긴 했지만 쉽게 물러서지 않았다.

지역구인 중·성동을은 재건축 신축 아파트 밀집 지역으로 부동산 정책에 민감한 '한강 벨트'에 있다. 박 의원은 21대 국회 때 1주택자에 한해 종합부동산세 부담을 완화하는 종합부동산세법 개정안을 대표 발의하기도 했다. 1세대 1주택자에 대한 공제액을 5억 원에서 9억 원으로 상향 조정하고, 만 60세 이상 과세표준 3억 원 미만 주택을 보유한 1주택자에 한해 처분이나 증여상속 때까지 종부세 납부를 유예하는 법안이었다.

박주민 더불어민주당 의원

출생 1973년 서울

학력 대원외고–서울대 법학과

경력 사법시험 45회, 사법연수원 35기, 민변 사무처장,
20·21·22대 국회의원, 민주당 최고위원, 20대 대선
이재명 경선캠프 총괄본부장, 민주당 을지로위원
회 위원장, 민주당 기본사회위원회 수석부위원장,
21대 대선 민주당 선대위 기본소득위원장·서울위
원장

세월호 유가족 변호한 인권변호사 출신 3선 중진

박주민 더불어민주당 의원은 민주사회를 위한 변호사 모임(민
변) 사무처장 출신 3선 의원이다. 노동·인권 분야에 관심이 많
다. 세월호 참사 때 대한변호사협회 법률지원단장으로 유가족
들의 법률대리인을 하며 대중에 이름을 알렸다. 헌법재판소의
야간 집회 금지 헌법불합치 판결 등을 끌어내기도 했다.

2016년 문재인 전 대통령이 민주당 당대표 시절 영입해 서
울 은평갑에 전략공천했다. 20대 총선을 시작으로 같은 지역
구에서 내리 3선을 했다. 이재명 대통령이 직접 위원장을 했던
당내 기본소득위원회 위원장을 박 의원이 했다. 그만큼 이 대
통령의 간판 정책인 기본소득에 대한 이해가 높고, 신임을 받

는다는 평가다.

박 의원은 지독한 '일벌레'로도 통한다. 국회 입성 후 2년 반 만에 99건의 법안을 발의하며 '일중독 국회의원'이라는 명성을 얻었다.

2018년 3월 기준 총 3억 4,858만 원으로 전체 의원 중 후원금 1위에 오르기도 했다. 같은 해 열린 정기전국당원대회(전당대회)에서 당 중진들을 꺾고 최초로 초선 최고위원에 올랐다. 이후 박 의원은 2020년 재선 의원으로 당대표 선거에 출마할 정도로 체급을 키웠다. 이듬해 열린 재보궐선거에서 서울시장 후보로 거론되기도 했다.

박 의원과 이 대통령이 가까워진 시점은 2021년이다. 20대 대선을 앞두고 이 대통령이 출마 선언을 하자 경선 캠프인 '열린캠프' 총괄본부장을 맡았다. 이 대통령이 당권을 잡은 2022년 이후엔 당내 을지로위원회에서 4년간 위원장을 맡으며 각종 소상공 자영업자를 지원하는 입법을 주도했다. 한 민주당 의원은 "박 의원이 중대재해처벌법 등 노동 분야에서 자신의 전문성을 부각하는 법안을 당론으로 주도한 점 등이 이 대통령에게 인정을 받았다"고 했다.

전세사기특별법과 가맹사업법 개정안도 박 의원이 위원장으로 있었던 을지로위원회를 거쳐 나온 법안이다. 22대 국회에서는 국회 보건복지위원회 위원장을 맡으며 연금개혁 모수

개혁 협상에 관여했다. 지난해 11월 이 대통령 직속 기본사회위원회가 재출범할 땐 수석부위원장을 맡았다. 이사의 충실의무 대상을 '회사'에서 '주주 및 회사'로 확대하는 상법 개정안도 21대 때 일찌감치 발의했다.

박찬대 더불어민주당 당대표 직무대행 겸 원내대표

출생 1967년 인천

학력 동인천고–인하대 경영학 학사, 서울대 경영학 석사

경력 공인회계사, 20·21·22대 국회의원, 민주당 원내대 변인, 민주당 원내수석부대표, 민주당 원내대표, 21대 대선 민주당 상임총괄선거대책위원장

자타공인 '明心 원내대표'

박찬대 더불어민주당 당대표 직무대행 겸 원내대표는 공인회계사 출신 정치인이다. 인하대 경영학과를 나왔고 서울대 경영대학원 재학 중 공인회계사 시험(CPA)에 합격했다. 이후 미국공인회계사 자격증을 땄다. 세동회계법인, 삼일회계법인 등에서 경력을 쌓았다. 금융감독원에서도 일했다. 2003년 한미회계법인을 설립해 부대표와 경인지역본부장을 지냈다.

21년간 회계사 생활을 하며 비교적 안정적인 삶을 살던 박 직무대행이 정계에 발을 들인 직접적 사건은 2009년 노무현 전 대통령 서거다. 그는 한 인터뷰에서 "당시 서울역 앞 운구 행렬에 끼어 운구차에 손을 한 번 대봤다"고 회상했다. 회계사 생활을 하며 인천지역 시민사회단체를 물밑에서 지원해왔는데, 노 전 대통령 서거를 계기로 본인이 직접 정치에 뛰어드는 꿈을 갖게 됐다고 한다.

박 직무대행은 인천 토박이다. 인천 남구 용현동(현 미추홀구 용현동)에서 자라 그 지역에 있는 동인천고등학교와 인하대 경영학과를 졸업했다. 어릴 적 생활한 인천 남구에서 정치를 하고 싶었지만 뜻대로 되지 않았다. 갈 곳이 없어 지역위원회조차 없었던 인천 연수구에 자리 잡아야 했다. 첫 국회의원 선거에 도전했던 2012년엔 아예 공천도 받지 못했다. 이후 20대 총선(2016년) 때 민주당이 승리한 적 없는 인천 연수구에 출마해 214표 차이로 신승을 거두면서 원내 진입했다.

박 직무대행이 처음부터 친명계였던 건 아니다. 2022년 대선을 계기로 급속도로 가까워졌다고 한다. 이 대통령과 가까운 김병욱 전 의원이 2022년 대선을 앞두고 당시 경기도지사였던 이 대통령의 공관으로 그를 데리고 간 것이 시작이다. 박 직무대행은 당내 대선 경선 때 이 대통령 캠프 수석대변인을 지냈고, 본선 선거대책위원회에서도 수석대변인직을 유지했다.

박 직무대행이 본격적으로 친명계 반열에 올라선 건 2022년 이재명 지도부의 최고위원이 되면서다. 그전까지만 해도 박 직무대행은 2019년 이인영 원내대표 시절 원내대변인을 역임한 덕분에 '범이인영계'로 분류됐다. 하지만 최고위원을 거치며 본격적인 친명계 주축으로 인정받았고, 이 대통령이 민주당 압승을 이끌어낸 22대 국회의 첫 원내대표 자리까지 거머쥐었다. 그는 당선자 총회에 단독 출마해 과반 지지를 얻었다. 애초 몇몇 후보가 원내대표 도전 의사를 보였지만 '명심(明心)'이 박 직무대행을 가리키자 출마 자체를 포기했다. 전례가 없는 사실상의 추대였다.

박 직무대행은 경북 안동 출신 독립운동가 석주 이상룡 선생의 외손이다. 이상룡 선생은 신흥무관학교 설립과 임시정부 국무령을 지냈다. 이 선생의 생가인 임청각은 경북 안동의 관광 명소다. 이 대통령의 고향이 경북 안동이라는 점은 박 직무대행과 통하는 지점이기도 하다.

박 직무대행은 예술에도 소질이 많다. 미술과 음악을 좋아했던 학창 시절, 그는 예술고등학교 진학을 꿈꿨지만 집안 사정으로 포기해야 했다. 공부방이 없어 교회에서 주로 방과 후 시간을 보냈다. 신앙심을 길렀고 자연스럽게 음악과 가까워졌다고 한다. 색소폰 연주도 수준급으로 알려져 있다. 교회 성가대원 활동을 하면서 성악가 수준의 가창력을 갖게 됐다. 같은 당 정청래 의원은 그에게 '교회 오빠'라는 별명을 지어줬다. 아내는 그가 음악가나 찬양 인도자 아니면 목사가 되려나 했는데 정치인의 길을 걷게 돼서 깜짝 놀랐다고 한다.

박 직무대행은 3선 의원으로 정무위원회, 교육위원회, 과학기술정보방송통신위, 운영위원회 등을 두루 거쳤다. 2021년 국정감사에서는 감사 중간에 교육위에서 행정안전위원회로 옮겨 대장동 건으로 공격받던 이 전 대표를 방어했다.

주요 입법안으로는 20대 국회 후반기 교육위 간사 시절 대표 발의한 대안교육법(대안교육기관에 관한 법률안)이 꼽힌다. 대안교육기관의 교육과정 편성과 운영 등에 대한 독립성을 보장하는 내용을 담았다. 20대 국회에선 회기 만료로 통과시키지 못했다가 21대 재선에 성공한 뒤 1호 법안으로 발의해 본회의 처리를 주도했다. 사석에서도 교육위 간사로 활동했던 얘기를 즐겨 한다.

민주당이 171석을 차지해 거대 야당이 된 22대 국회에선 채상병 특검법, 노란봉투법, 김건희 여사 특검법 의결을 추진하며 존재감을 키웠다. 전반기 원구성 협상에서 과방위, 운영위, 법사위를 민주당 위원장 몫으로 가져와 실리와 명분을 얻었다는 평가를 받았다.

안규백 더불어민주당 의원

출생 1961년 전북 고창

학력 광주 서석고–성균관대 철학과

경력 평화민주당 1기 공채 당직자, 18·19·20·21·22대 국
회의원, 21대 대선 민주당 선대위 총괄특보단장

국방위 잔뼈 굵은 5선 중진

안규백 더불어민주당 의원은 21대 대선 선대위 총괄특보단장
을 지낸 5선 의원이다. 초선 때부터 대부분을 국회 국방위원회
에서 활동했다. 군 출신이 아니지만 그 누구보다 군을 잘 아는
인사로 꼽힌다.

1962년 전북 고창 출신인 안 의원은 만 27세 때인 1988년
민주당 전신인 평화민주당 공채 1기 당직자로 정계에 발을 들
였다. 오랜 당직자 생활을 거쳐 2008년 18대 총선 때 비례대
표로 배지를 달았다. 당직자로 시작해 국회의원이 되는 '정통
코스'를 그대로 밟았다. 당직자 출신인 만큼 당 업무와 조직 생
리에 해박하다는 평가를 받는다. 2016년 8월에는 추미애 당시

대표에 의해 당 살림을 책임지는 사무총장에 임명됐다.

안 의원이 현 지역구인 서울 동대문갑 지역과 인연을 맺은 건 2012년이다. 당시 별 연고가 없던 이 지역에 전략공천된 그는 접전 끝에 48.4%를 얻어 상대편인 새누리당의 허용범 후보(45.5%)를 누르고 당선됐다. 이후 철저한 지역 관리를 통해 이곳에서만 내리 4선을 했다.

안 의원이 동대문갑에서 내리 4선을 할 수 있었던 건 대학생 조직에 대한 높은 장악력 때문이라는 평가가 많다. 안 의원 지역구에는 서울시립대와 한국외대, 경희대, 한국예술종합학교가 있다. 대학생 밀집 지역이라 상권도 몰려 있다. 지역 현안을 챙기다 보면 자연스레 청년들과 교감할 일도 많아지고, 현실 정치에 입문하기를 희망하는 대학생들도 안 의원을 많이 찾아간다고 한다. 1997년생인 봉건우 민주당 전국대학생위원장도 경희대 총학생회장 출신으로, 안 의원의 대학생 정책발굴단장을 거쳤다.

안 의원을 얘기할 때 빼놓을 수 없는 게 상임위원회 활동이다. 안 의원은 비례대표 초선이었던 2008년부터 국방위에서 활약했다. 지역구 국회의원으로 돌아온 2012년에도 국방위원회에 배정을 받아 간사를 했다. 2016~2018년에 국토교통위원회를 배정받은 안 의원은 2018년 다시 국방위원회로 돌아와 위원장을 맡았다. 18~22대 국회에서 한 번도 거르지 않고 국방위를 맡은 의원은 흔치 않다는 점에서 그의 이력을 높이 평가하는 이들이 많다.

국방위 활동 기간이 길었던 만큼 병역문제에 대해서도 의견을 여러 차례 밝혔다. 2022년엔 방탄소년단(BTS)의 군 면제 여부를 두고 갑론을박이 벌어지자 "국민개병제를 채택한 나라에서 돈을 많이 번다고 혜택을 줄 수는 없다"고 밝혀 화제를 모았다. 안 의원의 아들 세 명 모두 병역을 마쳤는데, 특히 차남은 해병대에 자원입대해 백령도에서 복무한 것으로 알려져 있다.

안 의원은 전통적으로 '정세균계'로 분류돼왔다. 2022년 민주당 대선 경선에서 정세균 전 총리의 캠프 총괄본부장을 맡았다. 하지만 이후 이재명 대통령이 당을 장악하는 과정에서 이 대통령을 적극 지원했다. 2022년 7월 전당대회 준비위원회 위원장이었던 안 의원은 당대표와 최고위원을 선출하는 예비 경선룰 개정을 주도했다. 안 의원은 위원회에서 당 중앙위원 투표와 국민여론조사를 각각 7대3으로 반영하는 방안을 냈는데, 비명계가 강력하게 반발하는 일이 벌어졌다.

비대위가 기존 규정(중앙위원 투표 100% 반영)대로 돌려놓자 안 의원은 아예 위원장 자리를 사퇴하는 초강수를 뒀다. 당무위원회가 당대표 예비 경선만 여론조사를 30% 반영하고, 최고위원 예비 경선은 중앙위원 투표만으로 결정하도록 절충안을 제시하면서 사퇴는 일단락됐지만, 안 의원의 행보를 두고 "완전히 친명계가 됐다"는 평가가 나왔다.

그해 8월 '당헌 80조 개정 논란'에서도 안 의원은 이 대통령 편에 섰다. 안 의원은 자신이 주재한 전당대회 준비위원회 회의에서 당헌 80조 1항을 개정하는 내용을 의결했다. 개정안은 부패 혐의에 연루된 당직자가 직무 정지되는 시점을 '기소 시'에서 '1심 금고 이상 유죄 선고 시'로 바꾸는 내용을 담고 있었다. 이재명 당시 당대표에 대한 검찰의 수사가 궤도에 오른 상황에서 만일 그가 기소되더라도 당직을 계속 수행할 수 있도록 직무 정지 기준을 완화하겠다는 의도다. 그러나 이튿날 비상대책위원회가 당헌 개정을 없던 일로 하겠다고 하자 그는 "(기소 시 당직 정지 조항은) 한두 사람의 거취 문제가 아니다"라며 유감을 표명했다.

이 같은 정치 행보는 안 의원을 22대 총선 전략공천관리위원장으로 만들었다. 이 대통령이 민주당 장악력을 완전히 가져가는 데 핵심적인 역할을 했다는 평가를 받는다. 안 의원은 21대 대선에서도 선대위 총괄특보단장을 맡았다.

윤호중 더불어민주당 의원

출생	1963년 경기 가평
학력	춘천고–서울대 철학과
경력	한광옥 의원 비서관, 민주당 전략기획위원장, 정책위원회 의장, 사무총장, 국회 법제사법위원회 위원장, 민주당 원내대표, 민주당 비상대책위원장, 17·19·20·21·22대 의원, 21대 대선 민주당 선대위 총괄본부장

통합 중시하는 '汎明' 중진

"뼛속까지 민주당의 피가 흐르는 사람".

더불어민주당에서 5선을 한 윤호중 의원에 대한 당내 평가다. 계파보다 당에 충실한 '범명(범 이재명)'으로도 불린다. 21대 대선에 이재명 후보 경선 캠프 선대위원장을 했고 본선에서는 총괄선거대책본부 총괄본부장을 했다.

윤 의원은 주요 선거 때마다 판짜기를 담당해 굵직한 성과를 만든 실무의 귀재다. 보수의 압승이 예견된 2010년 6월 지방선거에서 야권 단일화를 이끌어 승리를 이끈 게 한 예다. 2012년 18대 대선에서 문재인 후보가 안철수 후보와 단일화할 때도 실무자로 나서 협상을 주도했다. 19대 대선에서 문재인 캠프 선대위 정책본부장을 맡아 공약을 총괄했다. 이후 대통령직인수위원회 역할을 한 국정기획자문위원회 분과위원장도 역임했다. 21대 총선을 앞두고 이해찬 대표 체제에서 사무총장을 맡아 180석이라는 압승을 만드는 데 밑거름 역할을 했다.

윤 의원과 이재명 대통령의 인연은 2021년으로 거슬러 올라간다. 유력 대선주자였던 이 대통령이 원내대표였던 윤 의원과의 만남을 추진하면서다. 윤 의원은 이 대통령과 만난 자리에서 "나는 진보나 보수 어느 쪽에 치우치지 않은 사람"이라며 "원칙을 지키면서 민생에 중점을 둔 민생 정당 민주당을 만들겠다"고 말한 적이 있다고 한다. 이 대통령도 "실용적이고 현장에 능한 분"이라고 화답한 것으로 전해졌다. 이 대통령이 이번 대선에서 윤 의원에게 총괄선대본부장을 맡긴 것도 중도 온건 성향의 윤 의원이 중도 외연 확장 역할을 하는 데 적격이라는 판단을 했기 때문일 것이라는 평가다.

이 대통령 2022년 20대 대선에서 낙선했을 때는 윤 의원은 비상대책위원장을 맡아 대선 패배의 후유증을 최소화하는 역할을 했다. 이 대통령이 곧바로 정계로 복귀해야 한다는 일부 주장에 "(이 대통령이) 스스로 결정할 수 있도록 시간을 줘야 한다"며 신중한 태도를 보이기도 했다. 이 대통령의 출마 선언 이후 공동선대위원장을 맡으며 원내 입성을 도왔다.

이 대통령이 당권을 잡은 이후에는 전면에 나서기보다는 당내 중진으로 역할을 다했다. 비대위원장에서 물러난 이후 같은 해 여야 합의로 선거법을 개정하기 위해 만든 국민통합·정치교체 공동추진위원장에 오른 게 대표적인 사례다. 이듬해 출범한 비상설특별회인 헌법개정특별위원회 위원장도 지냈다. 2023년 이후 당내 친명계와 비명계 사이의 갈등이 격화될 땐 다른 중진들과 함께 내홍이 깊어지지 않기 위해 힘썼다. 같은 해 김남국 의원의 코인 논란이 불거졌을 때는 의원총회에서 "당이 위기 상황에 직면했다"고 쓴소리를 하기도 했다.

22대 공천을 둘러싼 논란이 당내에 일 때도 통합을 강조하는 목소리를 냈다. 윤 의원은 "시스템 공천 내에서 적법한 절차대로 이뤄진 공천"이라며 "당원 간의 열띤 토론을 장려하는 등 공천 체계를 개선할 수 있는 노력을 이어가야 한다"고 말했다.

정부·여당을 향해 날을 세울 땐 이 대통령과 의기투합하며 공세를 이어가기도 했다. 일본 후쿠시마 오염수 문제가 정치 현안으로 떠오른 게 한 사례다. 21대 국회 외교통상위원회 소속이었던 윤 의원은 대정부질문에서 박진 전 외교부 장관을 향해 "국제원자력기구(IAEA)가 (후쿠시마 원전수가 안전하다고 한) 결정을 무조건 따라갈 것이냐"고 말하며 윤석열 정부를 비판했다.

22대 국회에서도 이 대통령의 정치 행보를 지원하면서 중대 현안에 대해 의견을 내는 조언자 역할을 했다. 2024년 6월

이 대통령이 국회의장단 후보자 및 원내대표 경선에 권리당원 유효 투표 결과의 20%를 반영하는 안을 추진할 땐 반대 의견을 냈다. 당적에서 벗어난 전 국민을 고려해야 하는 국회의장단을 판단하기 위해 당심을 적용하는 게 부적절하다는 이유에서다. 12·3 계엄 사태 이후에는 당내 중진으로 탄핵 정국 수습 방안에 대한 의견을 나누기도 했다.

일생을 민주당에 헌신한 이력을 이 대통령이 인정하며 의기투합했다는 평가도 있다. 서울대 철학과를 나온 윤 의원은 학생 시절 학원자율화추진위원회에 몸담은 운동권 세대다. 1988년 졸업 직후 26세의 나이로 민주당 전신인 평화민주당 당직자로 정치권에 입문했다. 의원이 되기 전까지 한광옥 의원 비서관을 거쳐 새정치민주연합 부대변인, 김대중 정부 청와대 행정관 등을 지냈다.

윤 의원은 민주당 전략기획위원장과 수석사무부총장, 정책위원회 의장, 국회 법제사법위원회 위원장 등 요직을 두루 역임했다. 한 민주당 중진 의원은 "당내에서 할 수 있는 대부분의 직책을 소화하며 안정감을 인정받은 분"이라며 "본인의 기호를 떠나서 당에 이익이 되는 방향으로 주요한 결단을 내리는 편"이라고 평가했다.

윤후덕 더불어민주당 의원

출생 1957년 경기 파주

학력 중동고–연세대 사회학과, 연세대 경제학 석사, 경기대 정치학 박사

경력 김원길 국회의원 보좌관, 보건복지부장관 특별비서관, 국무총리 비서실장(노무현 정부), 19·20·21·22대 국회의원, 국회 기획재정위원회 위원장

의리 있는 정책 조언자

윤후덕 더불어민주당 의원은 21대 대선에서 민주당 선거대책위원회 민생살리기본부의 본부장을 맡았다. 이재명 대통령이 당내 경선을 치를 때는 경선 캠프에서 정책본부장을 지냈다. 이 대통령과는 정책 부문에서 긴밀하게 협력 관계를 유지하고 있다.

윤 의원은 경기 파주 출신으로, 이 지역에서 19대부터 22대까지 네 번 당선됐다. 22대 총선 때는 63.43%의 득표율로 수도권에 출마한 민주당 의원 가운데 최고 기록을 세우기도 했다.

윤 의원은 연세대 사회학과 76학번으로, 연세대 학생운동의 중심에서 활동했던 인물이다. 운동권 경력 때문에 평범한 직장에 취업하긴 어려운 상황에 처하자 출판사를 창업했다. 1987년《강좌철학》과《경제사학습》이라는 책을 출판했다는 이유로 국가보안법상 이적표현물 출판 혐의로 구속됐으며, 징역 1년 6월에 집행유예 3년을 받았다. 1988년 사면 복권됐다. 1990년에 다시 국가보안법 위반으로 구속됐으며, 또 집행유예를 받은 뒤 복권됐다.

1991년 김원길 전 의원의 보좌관으로 정계에 입문했다. 김원길 전 의원이 2001년 보건복지부 장관에 임명되자 윤 의원은 장관 특별비서관으로 임용됐다. 김 전 의원은 당시 대선후보가 노무현 전 대통령으로 단일화되자 한나라당(현 국민의힘)으로 옮겨갔고, 윤 의원은 이를 끝까지 반대하다가 민주당에 남았다. 노 전 대통령이 당선되자 대통령직인수위원회 재경분과 전문위원을 시작으로 청와대 정무비서관, 정책조정비서관, 정책기획비서관, 국무총리 비서실장까지 지냈다.

2008년 18대 총선에서 고향 파주에 출마했으나, 황진하 한나라당 후보에 밀려 낙선했다. 그러나 지역위원장 자리를 계속 지키면서 정책위원회 부의장을 지내는 등 당내에서 입지를 확보하는 데 성공했다. 이후 지역구를 잘 관리했다는 평가 속에 4선까지 이어왔다.

윤 의원은 경제와 복지 분야에 관심이 많으며, 지역 균형 발전을 강조한다. 민주당 상설기구이자 당대표가 당연직 공동의장을 맡는 민생연석회의의 수석부의장을 맡고 있다. 이 대통령이 당대표를 맡고 있던 지난 3월 민생연석회의는 20대 민생의제, 60개 정책과제를 제시했다. 지역화폐 확대, 자영업자 상병수당제 도입 등 당시 내놨던 과제들이 이 대통령의 공약으로 채택됐다. 이 대통령이 당내 경선 과정에서 내놓은 'AI 100조 원 투자' 공약은 이 대통령이 민주당 공식 후보로 뽑힌 후 내놓은 정식 공약에서 1번 자리를 차지했다.

윤 의원은 다양한 법안을 발의하고 정책을 추진했다. 22대 국회에서는 대표발의 법안 28건을 제출했다. 주요 법안으로는 관세법 일부개정법률안, 대부업 등의 등록 및 금융이용자 보호에 관한 법률 일부개정법률안 등이 있다.

이해식 더불어민주당 의원

출생 1963년 전남 보성

학력 마산고-서강대 철학과 학사 및 동대학 공공정책대
학원 석사, 서울시립대 도시행정학 박사 수료

경력 서울 강동구청장(민선 4·5·6기), 21·22대 국회의원,
더불어민주당 수석대변인, 당대표 비서실장(이재명
대표), 21대 대선 민주당 선대위 후보 비서실장

신명계 '풀뿌리 정치인'

이해식 더불어민주당 의원은 이재명 대통령의 당대표 비서실
장을 지낸 재선 의원이다. 대표적인 신명계로 분류된다.

전남 보성에서 태어났지만 초·중·고등학교 학창 시절을 경
남 마산에서 보냈다. 서강대 총학생회장을 지냈다. 1992년 이
부영 의원 비서로 정계에 입문했다. 이부영 의원이 강동갑 지
역구에 출마했고, 당시 신혼집을 그 지역에 차렸던 이해식 의
원이 비서로 합류했다. 이 의원은 이후 서울 강동구 지역 지구
당 총무부장으로 시작해 강동구의원, 서울시의원을 지내고 국
회에 입성한 '풀뿌리 정치인'이다.

이런 배경에서 이 의원을 관통하는 키워드는 지방 행정이

다. "지방자치가 바로 서야 민주주의가 발전한다"는 게 그의 지론이다. 강동구청장 시절 전국 최초로 도시농업 조례를 제정하고 고덕상업업무복합단지와 산업단지 조성 등에 힘썼다. 이런 성과는 보수 우위였던 강동구에서 민주당 세력의 기반을 다진 계기가 됐다. 강동구청장 재직 내내 정치색을 과도하게 드러내기보다 구정 현안에 집중하며 성과를 냈다. 강동구청장을 세 차례나 한 배경이다.

국회에 들어와서도 마찬가지였다. 21대 국회에서 행정안전위원회에서 활동했다. 주민자치회법, 지방의회법 등에 애정이 많다. 우리나라는 지나치게 중앙집권화돼 있어 권력을 지역으로 분산해야 한다는 게 그의 생각이다. 이 의원은 2020년 초선 의원으로 당선된 뒤 한 매체와의 인터뷰에서 "현재 지방 정부는 중앙 정부에 완전히 종속됐다"며 "지자체를 굉장히 창의적이고 주체적인 행정단위로 인식해야 한다"고 했다. 이를 해결하기 위해 "자치분권 개헌은 필연적"이라고도 했다.

2018년 정치 공백기가 있을 때 이해찬 당시 민주당 대표 시절 대변인으로 임명돼 '이해찬계'로 분류됐다. 이때의 중앙 당직 경험이 2020년 21대 총선으로 국회에 입성하는 결정적 계기가 됐다. 이해찬 대표의 차를 8년간 운전한 운전기사가 현재 이해식 의원의 기사로 일할 정도다.

그가 신명계로 자리 잡기 시작한 건 지난 2022년 대선 때 이재명 당시 후보의 배우자실장을 맡으면서다. 배우자실장은 캠프 내에서 위상이 높은 편은 아니지만 후보가 가장 믿을 만한 인물에게 내어주는 보직이다. 이후 이 대통령 지도부 체제에서 민주당 수석대변인, 당대표 비서실장에 연이어 기용됐다. 6·3 대선을 앞두고 경선 캠프가 차려지자 후보 비서실장으로 이동했다. 점잖고 차분한 이미지가 이 대통령의 강한 면모를 중화시켜준다는 분석도 있다.

이 의원은 측근으로 이 대통령을 밀착 보좌했지만, 의외로 '투 샷'이 찍힌 사진은 많지 않다. 이 대통령을 뒤에서 보좌하며 자신의 존재감을 부각하지 않으려는 의도 때문이다. 그런 그가 이 대통령과 함께 찍힌 사진이 있는데, 2024년 11월 공직선거법 위반 혐의로 징역 1년 집행유예에 2년의 1심 선고 직후 모습이다. 그는 침통한 표정으로 이 대통령 바로 뒤에 섰다. 이 의원은 나중에 보좌진에게 당시 상황을 설명하며 "나마저 자리를 뜰 순 없었다"고 말했다고 한다. 주변에서는 이 의원에게 "재선 의원이니 이젠 인터뷰 등으로 언론에 적극적으로 나서도 되지 않겠느냐"고 여러 차례 제안했지만, 그는 "내가 할 일은 그런 게 아니다"고 거절했다고 한다.

이 의원은 성실하고, 꼼꼼한 성정을 지녔다는 게 주변 인물의 공통된 평가다. 21대 국회에선 상임위원회, 본회의 출석률이 100%였다. 당시 지방에서 열린 국정감사를 당대표 일정 때문에 부득이하게 두 차례 빠졌는데, 이를 매우 안타까워했다고 한다. 또 중앙선거관리위원회 위원 후보자 인사청문회가 있던 때는 제주도 출장을 마치고 돌아오는 비행기에서 도착 시간을 확인한 뒤, 청문회에 뒤늦게라도 자리해 질의했다. 통상 이런 자리에서 의원당 1~3개 질문을 하곤 하는데, 이 의원은 준비한 질의가 5~6개라면 이를 모두 마쳐야 하는 성격이다. 이 의원의 측근은 "누가 관심을 두든 의정활동을 위해서 해야 할 질의라면 꼭 해야 하는 성격"이라며 "공적 마인드가 충실한 사람"이라고 설명했다.

정동영 더불어민주당 의원

출생 1953년 전북 순창

학력 전주고—서울대 국사학 학사, 영국 웨일스대 저널
리즘학 석사

경력 MBC(문화방송) 기자, 31대 통일부 장관, 더불어민주
당 상임고문, 15·16·18·20·22대 국회의원

李 정치 인생의 시작점

정동영 더불어민주당 의원은 2007년 치러진 17대 대선 때 대
통합민주신당 소속 대선후보를 지낸 5선 중진 의원이다. 전주
고와 서울대를 졸업한 뒤 MBC 기자로 사회에 첫발을 내디뎠
다. 1980년대 중반 앵커로 활동하며 대중적인 인지도를 높였
다. 대학 친구인 이해찬 전 국무총리의 권유로 1996년 정계에
입문했다.

정 의원은 이재명 대통령의 정치 인생 시작점에 있는 인물
이다. 경기도 성남 지역 시민운동가 겸 변호사로 일하던 이 대
통령은 2007년 당시 대선후보였던 정 의원의 비서실 부실장
으로 활동했다. 팬클럽 '정동영과 통하는 사람들(정통)'을 조직

해 대표를 맡기도 했다. 이를 계기로 이 대통령은 민주당 부대 변인을 거쳐 2010년 성남시장에 취임했다.

정 후보는 '정치인 이재명'의 가능성을 일찌감치 눈여겨봤다고 한다. 이 대통령이 성남시장 재선에 도전하던 2014년 무렵 정 의원은 이런 말을 건넸다고 전해진다. "우리 이재명 시장은 시장에 그칠 사람이 아니다. 10년 뒤에 대선 국면으로 갈 것이다. 그때가 되면 내가 '이재명과 통하는 사람들' 대표를 해주겠다."

한동안 정치권을 떠났던 정 의원은 2009년 재·보궐 선거를 통해 복귀하며 저력을 보여줬다. 이후 2012년 19대 총선, 2020년 21대 총선에서 낙선하는 등 부침을 겪기도 했다. 2015년 새정치민주연합을 탈당한 후 국민의당과 민주평화당 등을 거치며 호남계 제3지대 정당 재건을 추진했다.

정 의원은 2022년 20대 대선 국면에서 민주당에 복당했다. 이 대통령이 대선에 출마할 때 지원 사격하겠다는 약속을 지키기 위해서다. 정 의원은 "이재명 후보를 도와 4기 민주 정부를 창출하는 데 티끌만 한 힘이라도 보태고자 민주당으로 돌아가고자 한다"고 했다.

복당 이후 정 의원은 민주당 상임고문으로서 당내 통합과 외연 확장에 나섰다. 이 대통령의 사법 리스크를 두고 "이재명을 정조준하고 있는 검찰 수사는 야당 탄압"이라고 변호하기도 했다. 정 의원은 지난해 22대 총선에서 전북 전주병 공천을 따냈고 본선에서도 당선됐다. 당내 경쟁자는 국민연금 이사장을 지낸 고교 후배 김성주 전 의원이었다.

이번 대선 국면에서 정 의원은 이재명계의 원로 역할로서 물밑 지원을 했다. 그는 한 방송에 출연해 "이재명이 정동영계였던 시절도 있었다. 지금은 정동영이 이재명계다"라고 말했다.

정진욱 더불어민주당 의원

출생 1964년 전남 영광

학력 광주 금호고–서울대 정치학과

경력 22대 국회의원, 21대 대선 민주당 선대위 총괄선대
위원장실 수행실장

광주서 李 동조 단식한 '찐명'

정진욱 더불어민주당 의원은 강성 친명계로 분류되는 초선 의
원이다. 원외 인사였던 2022년 대선 때 이재명 당시 후보의 수
행 대변인을 했다. 이후 당대표, 국회의원 선거 등 주요 선거
때마다 이재명 대통령의 대변인을 네 차례나 맡았을 정도로
신뢰가 두텁다.

전남 영광 출신인 정 의원은 서울대 정치학과를 졸업해 한
국경제신문에서 기자 생활을 했다. 짧은 기자 생활을 거쳐
1990년대 중반 IT 기술 발전에 맞춰 인터넷 관련 사업체에 몸
담았던 경험이 있다. 인터넷서점 모닝365를 창업했고, 교보문
고 인터넷서점 담당 임원도 지냈다.

지난 2011년 친노(친노무현) 인사들이 주축이었던 시민통합당에 들어가면서 정계에 입문했다. 이후 여러 차례 원내 입성을 노렸지만 잘 풀리지 않았다. 원외 시절 박찬대 현 민주당 원내대표 등과 매우 가깝게 지냈다. 총선 도전이 좌절될 때 박 원내대표와 서울 관악산을 함께 오르며 위로와 격려를 받았다고 한다. 그때의 인연이 지금까지 이어져 정 의원은 현재 박 원내대표 비서실장을 맡고 있다. 21대 대선에서는 상임총괄선대위원장실 수행실장을 했다.

정 의원은 22대 총선을 앞둔 2023년 8월 이 대통령의 정무특보로 발탁이 되면서 여의도 중앙정치 무대에서 친명계 중심인물로 각인이 됐다. 특보 임명 직후 이 대통령이 일본의 후쿠시마 오염처리수 방류에 대한 우리 정부의 대응을 비판하며 단식 농성에 들어가자 정 의원은 광주에서 무기한 동조 단식 투쟁을 벌였다. 정 의원은 동조 단식 16일째 건강 악화로 병원으로 후송됐다.

정 의원은 자신의 지역구인 광주 남구에 있는 산업단지를 인근 한국전력 등 에너지공기업과 연계해 호남권에 '한국판 에너지 실리콘밸리'를 구축하는 데 관심이 많다. 국회 입성 후 첫 상임위원회를 국회 산업통상자원중소벤처위원회로 택한 것도 이런 이유에서다.

이번 대선에서 이 대통령의 부인인 김혜경 여사를 보좌하는

배우자실장이었던 임선숙 변호사가 정 의원의 배우자다. 임
변호사는 호남 지역에서 활동하는 인권변호사로, 이 대통령이
당대표 시절 지명직 최고위원으로 발탁한 바 있다.

정청래 더불어민주당 의원

출생	1965년 충남 금산군
학력	보문고–건국대 산업공학과, 서강대 공공정책대학원 석사
경력	17·19·21·22대 국회의원, 국회 과학기술정보방송통신위원회 위원장, 법제사법위원회 위원장, 더불어민주당 전 최고위원

적과 친구 분명한 '친명 공격수'

정청래 더불어민주당 의원은 '친명 호위무사'로 불린다. 이재명 1기 대표 체제 때 최고위원으로 활동했다.

1989년 미 대사관 난입·방화 사건에 참여한 운동권 출신 정 의원은 거침없는 발언과 독설로 늘 이슈의 중심에 선다. 민주당 지지자 사이에선 속을 시원하게 긁어주는 사이다 정치인이라는 평가도 있다. 반면 과격한 발언과 정략적 행동을 반복하면서 '정쟁을 유발한다'거나 '지나치게 정파적'이라는 비판도 꼬리표처럼 따라다닌다.

정 의원의 공격수 기질은 최근 대법원이 이재명 대통령에 대한 공직선거법 위반 사건을 유죄 취지로 파기환송한 이후 정국에서 잘 드러났다. 정 의원은 대법원의 파기환송 결정 직후 "대선 한복판에 뛰어든 대법원"이라며 "이것은 반민주주의 사법 쿠데타"라고 곧장 글을 올리며 여론을 주도했다. 앞서 윤석열 전 대통령 탄핵 정국에선 "윤석열 전 대통령이 내란 재판에서 사형선고를 받을 것"이라는 등의 강경 발언을 쏟아내기도 했다.

국회 법제사법위원장을 맡고 있는 그는 '대통령에 당선되면 임기 동안 형사재판이 중단된다'는 내용의 형사소송법 개정안을 국민의힘 반대에도 상정했다. 정 의원은 사법부를 향해서도 맹공을 퍼부었다. '삼권분립 원칙을 침해한다'는 비판이 적지 않았지만 강성 발언을 정 의원이 주로 분담하고, 이 대통령은 상대적으로 사법부를 향한 비판 목소리를 최소화하며 지방 순회 일정을 소화했다.

정 의원은 친노 인사로 정계에 입문했지만, 친문을 거쳐 지금은 친명 핵심 의원으로 분류되고 있다. 지난해 비명계가 대거 탈락한 '비명횡사' 공천 과정에서 정 의원은 "민주당은 김대중, 노무현, 문재인을 거쳐 이재명으로 계승됐다"며 "차범근, 황선홍, 박지성, 손흥민으로 깃발이 계승된 것과 같다"고 했다. 이 밖에도 그는 특유의 거침없는 언사로 숱한 정치적 이슈에서 '이재명 지키기'의 선봉에 서곤 했다.

정 의원은 산업계와 연관된 법안도 다수 발의했다. 2023년

11월 '지능형 로봇 개발 및 보급 촉진법' 개정안을 대표 발의해 AI 로봇에 대한 정보보호 인증 의무화를 강화해야 한다고 주장하기도 했다. 같은 해 국가산업단지 환경 실태를 조사하고 개선하는 내용을 산업관리단지기본계획에 포함하자는 법률 개정안을 대표 발의하기도 했다.

조승래 더불어민주당 수석대변인

출생	1968년 충남 논산
학력	한밭고-충남대 사회학과, 충남대 평화안보학 석사
경력	안희정 충남도지사 비서실장, 20·21·22대 국회의원, 국회 교육위원회·과학기술정보방송통신위원회 간사, 더불어민주당 수석대변인, 21대 대선 민주당 선대위 공보단장

안희정계 핵심에서 신명계 주류로

조승래 더불어민주당 수석대변인은 새천년민주당과 열린우리당 당직자 출신의 3선 의원이다. 이재명 대통령의 두번째 당대표 임기 중 수석대변인으로 발탁됐다. 안희정계 중심인물이었지만 지금은 누구보다 이 대통령과 가깝다.

조 수석대변인은 노무현 정부에서 4년간 청와대에서 일했다. 시민사회수석실 행정관에서 사회조정비서관으로 승진하는 등 업무 능력을 인정받았다.

국회의원 선거에 뛰어든 것은 2016년이다. 조 수석대변인은 유성구 갑 지역구에서 유성구청장 출신 진동규 새누리당 후보를 누르고 초선 의원이 됐다. 충남 논산시에서 태어났지만 대전에서 초·중·고·대학교를 졸업한 대전 출신이라는 점이 유권자들의 호응을 얻었다는 평가다. 이후 두 차례의 총선에서도 같은 지역구에서 당선되며 3선 중진 의원 반열에 올랐다.

조 수석대변인은 국회에서 교육위원회와 과학기술정보방송통신위원회 민주당 간사를 맡는 등 활발하게 활동했다. 지역 유권자와의 약속을 지키기 위해 주로 대전에서 서울 여의도까지 출퇴근하면서도 대표발의법안, 가결비율, 상임위출석률, 본회의출석률 등 전반적으로 성적이 우수한 것으로 평가되고 있다. 지난해 2월 한국과학기술원(KAIST) 학위수여식에서 윤석열 정부의 R&D 예산 삭감에 항의하다 끌려 나간 학생이 경찰서로 연행되자 신원보증을 하고 석방을 요구한 사건으로 더 유명해졌다.

조 수석대변인이 처음부터 이 대통령과 가까웠던 건 아니다. 그는 줄곧 친노계로 분류됐다. 친노 적자였던 안희정 전 충남지사의 비서실장 등을 지낸 안희정계이기도 했다. 지난 대선 때는 경선 과정에서 정세균 전 국무총리의 선거캠프 대변인으로 활약했다.

조 수석대변인은 이 대통령이 계파색이 옅은 의원들로 외연을 확장하는 과정에서 신명계로 부상했다. 조 수석대변인은 임명 당시 "누가 봐도 친명으로 분류되진 않았던 저를 수석대변인에 임명한 것 자체가 하나의 메시지"라고 말했다. 이 대통령도 수석대변인 인선 당시 당 서면브리핑을 통해 "논리정연한 논평과 공보기획 적임자"라고 인사 이유를 밝혔다.

조 수석대변인은 이후 '이 대통령의 입'으로 활동하면서 주목받기 시작했다. 신중하고 차분한 성향으로 안정적인 정무 감각을 인정받았다는 평가다. 기자들과의 스킨십 능력도 탁월하다. 이번 대선 국면에서도 조 수석대변인은 선거대책위원회 공보단장으로 활약했다.

진성준 더불어민주당 의원

출생 1967년 전북 전주

학력 동암고–전북대 법학과

경력 청와대 정무비서관(문재인 정부), 민주당 전략기획
위원장, 서울시 정무부시장, 19·21·22대 국회의원,
더불어민주당 정책위원회 의장, 21대 대선 민주당
선대위 정책본부장

"소신이 밥 먹여준다" 李와도 각 세우는 '정책 사령탑'

"정책위 의장이 정책적인 원칙을 견지하는 게 매우 좋았다. 정
무적 판단에 따라서 움직이지 않는 게 좋게 느껴졌다. 앞으로
도 그렇게 해달라."

이재명 대통령은 지난해 2기 더불어민주당 지도부 인선 발
표를 앞두고 진성준 정책위원회 의장에게 이같이 말했다고 한
다. 진 의장은 "아침에 이 대표가 부르길래 그만두라고 하려나
보다 하고 갔는데 유임시키더라"고 회상했다.

진 의장은 민주당 내에서도 강경파로 꼽힌다. 이 대통령과
도 정책 노선을 놓고 종종 마찰을 빚었다. 작년 8월 전당대회
때 금투세 폐지에 대해 유연한 입장을 보이던 이 대통령에게

마지막까지 제도를 시행해야 한다고 고집한 게 진 의장이다. 이 대통령으로선 진 의장의 '소신'이 눈엣가시로 여겨질 수 있지만, 한편으론 대외적으로 레드팀 역할을 하는 진 의장이 전략적으로 기용되고 있다는 분석도 나온다.

진 의장은 전북 전주 풍남초, 신흥초, 동암고에 이어 전북대 법대까지 고향인 전주에서 성장 과정을 거쳤다. 전북대 법과대학 학생회장으로 1987년 6월 항쟁에 참여했고 이듬해 전북대 부총학생회장이 됐다. 학생운동 전적은 청년 시절 내내 그를 꼬리표처럼 따라다녔다. 1989년 입대 후 인권 문제와 관련해 동료들과 해결 방안을 논의하다가 불순 조직으로 몰렸다. 이 때문에 육군교도소에 수감되기도 했다.

진 의장은 한 인터뷰에서 "저 때문에 집이 압수수색을 당했고, 이후 어머니 앞에서 보안사에 체포돼 끌려 나간 적이 있다"며 "당시 어머니가 제 손을 놓지 못하시던 모습이 제 가슴 속에 평생 박혀 있다"고 전했다. 진 의장은 제대 후에도 학생운동을 이어갔다. 1991년 2월 12일 국가보안법 위반으로 징역 3년, 자격정지 3년을 선고받았고, 1991년 8월 22일 공익건조물방화 및 집회 및 시위에 관한 법률 위반으로 징역 1년 6개월을 선고받아 징역 4년 6개월을 살았다.

진 의장이 정계에 입문한 건 1995년이다. 장영달 전 국회의원을 6년간 보좌했고, 2000년대 후반부터 당직자로 일하며 정세균·손학규 민주당 대표 체제에서 전략기획국장을, 한명숙·문재인 대표 시절에는 전략기획위원장을 맡았다. 19대 국회의원 선거(2012년)에서 비례대표 후보로 출마해 당선됐다. 서울 강서 지역위원장 선거에서 한정애 의원 등 쟁쟁한 경쟁자를 제치고 당선돼 지역에서 기반을 닦았지만, 20대 국회의원 선거에선 새누리당 김성태 의원에 밀려 낙선했다.

야인 생활이 길진 않았다. 2017년 대선 때 문재인 전 대통령의 경선 캠프에 합류했다. 문재인 당 대표 시절 전략기획위원장으로 만나 인연을 맺었다. 안철수 전 의원 등 당내 비주류 인사들의 공세에 처할 때마다 '비타협적 강경노선'을 주도했다. 2017년 대선 역시 문재인 후보의 전략본부 부본부장, TV 토론단장으로서 당선에 기여했다.

문재인 정부 출범 뒤에는 청와대 대통령비서실 정무기획비서관으로 임명됐다. 당시 함께했던 동료는 한병도 의원(전북 익산·3선), 박수현 의원(충남 공주·재선) 등이다. 진 의장은 1년 뒤 박원순 서울시장의 정무부시장으로 국회, 시의회, 언론 간 가교 역할을 했다. 체급을 키운 진 의장은 21대 국회의원 선거에서 단수 공천됐고 지역구 의원으로 국회에 복귀했다.

친문 성향이 강한 진 의장이 이 대통령 체제에서 기용된 건 정무와 정책 모든 면에서 실력을 두루 갖췄기 때문이라는 평가다. 이 대통령이 진 의장을 등용시킨 건 작년 4월이다. 능력적으로 이 대통령의 신임을 얻고 있다는 후문이다.

진 의장은 "이념이 밥 먹여주지 않는다"며 거침없이 우클릭하는 이 대통령의 대척점에 서서 민주당의 전통적인 가치를 대변하는 역할을 했다. 대표적으로 작년 8월 전당대회 경선 과정에서 이 대통령이 금투세 도입 유예와 종합부동산세 재검토를 시사하자 진 의장은 금투세 시행을 주장하며 각을 세웠다. 이 대통령의 지지자들로부터 문자 폭탄을 받기도 했지만 소신을 지켰다. 진 의장은 "이기지도 못하는데 왜 계속 (금투세 폐지) 주장하는 거냐"는 아들의 말에 "국회의원이 소신을 굽힐 거면 배지 뭐 하러 다냐"고 말했다고 한다.

가상자산 과세 폐지, 반도체특별법 주 52시간 예외 적용, 연금 개혁 시 자동조정장치 도입 등 여러 의제에서도 이 대통령과 맞붙었다. 상황은 대체로 이 대통령의 의중대로 흘러갔다. 친명 의원들 입장에선 거의 모든 사안마다 이 대통령에게 반대 목소리를 내는 진 의장이 눈엣가시일 수도 있지만 오히려 진 의장이 당에서 꼭 필요하다는 의견도 있다. 진 의장의 '뚝심'이 이 대통령의 우클릭 행보로 인해 당이 지는 부담을 덜어준다는 것이다.

진 의장은 이번 대선 선거대책위원회의 '정책 사령탑'으로 정책본부를 이끌고 있다. 당 싱크탱크인 민주연구원의 이한주 원장, 그리고 김성환 의원(서울 노원·3선)과 공동 본부장직을 맡았다. 이 대통령의 '무한경쟁' 인선 기조를 반영했다는 분석이 나온다. 세 갈래로 나뉜 정책 발굴 루트를 통해 이 대통령은 가장 확실하고 만족스러운 정책을 채택해 향후 국정 운영에 도입할 것이라는 관측이 나온다.

클래식 애호가로 알려져 있다. 관용차량의 라디오 주파수가 늘 KBS 클래식FM 채널인 93.1에 고정돼 있다고 한다.

천준호 더불어민주당 의원

출생	1971년 서울
학력	대광고–경희대 사학과
경력	경희대 총학생회장, 서울시장 비서실장·정무보좌관(박원순 시정), 21·22대 국회의원, 이재명 더불어민주당 당대표 비서실장·당 전략기획위원장, 19대 대선 이재명 후보 비서실 부실장, 21대 대선 선대위 전략본부

'이재명의 장자방'

천준호 더불어민주당 의원은 이재명 대통령의 첫 당대표 비서실장을 지낸 측근 인사다. 2024년 1월 대통령 '부산 피습 사건' 당시 현장에 있었다.

천 의원은 21·22대 재선 의원을 지냈고, 이 대통령 2기 체제에서는 당 전략기획위원장을 맡고 있다. 이 대통령이 천 의원을 비서실장에 이어 핵심 당직인 전략기획위원장에 곧바로 기용한 건 그에 대한 탄탄한 신뢰 없이는 불가능한 일이다. 둘 사이는 단순한 정치적 협력 관계를 넘어선다는 평가가 많다. 위기와 신뢰, 실무와 전략이 교차하는 동반자적 관계로 보는 게 맞다는 분석이다.

천 의원은 지금이야 자타공인 친명계 인사지만, 국회 입성 초기만 해도 박원순계로 분류됐다. 박원순 전 서울시장 비서실장 출신이다. 천 의원이 친명계로 인정받은 결정적 계기는 지난 20대 대선 때 '매타버스(매주 타는 민생버스)'를 기획하면서다. 당시 이 대통령은 매타버스를 통해 전국을 순회하면서 민심을 청취했다. 이때 동선을 짜고 주제를 잡는 역할을 천 의원(매타버스추진단장)이 도맡았다. 21대 대선에서도 이 대통령은 '경청투어'라는 이름으로 매타버스 프로그램을 유지했다.

대선 패배 이후 이 대통령은 석 달 만에 국회로 돌아와 당권을 거머쥐었다. 2022년 8월 당대표가 되자 이 대통령이 천 의원에게 비서실장을 맡아달라고 직접 전화했다. 힘든 자리라는 점이 예상되는 만큼 아무에게나 맡길 수 없었다. 실제로 천 의원은 박 전 시장의 비서실에서 실무를 총괄하며 위기 대응에 능한 인물로 평가받았다.

천 의원은 "검찰의 타깃이 돼 있는 이 대통령의 비서실장을 한다고 했을 때, 많은 분이 저를 말렸다"며 "걱정된다, 너에게 무슨 일 생기는 것 아니냐, 그런 우려를 많이 했다"고 했다. 그러면서 "별다른 인연도 없는 사이였지만 이 대통령이 검찰 타깃이 됐다고 해서 제가 모른 척한다면 누가 앞으로 민주당 대통령 후보를 하려고 하겠냐"고 당시를 떠올렸다. 그는 "이 대통령과 함께 민주주의와 민생 그리고 당을 지킨다는 생각으로 수용했다"고 털어났다.

이 대통령이 당대표로 취임한 직후 검찰 수사가 본격화했다. 당은 위기관리 체제로 돌입했다. 천 의원은 수사 대응 메시지, 당내 회의 조율, 언론 브리핑 관리 등 전방위적으로 대표를 보좌하며 정치적 방패막이 역할을 자임했다. 특히 2023년 초이 대통령 체포동의안 표결 당시, 천 의원은 의원 개개인을 설득하며 '단결된 대응'을 강조한 것으로 전해졌다.

2024년 1월 2일은 이 대통령이 생명의 위협을 받던 날이었다. 이 대통령이 부산에서 흉기로 습격당했을 때 헬기를 타고 서울로 함께 이동한 인물이 천 의원이었다. 그때부터 이 대통령과 천 의원 간에는 동지 의식이 두터워졌다는 평가가 나온다. 민주당 핵심 인사는 "천 의원은 이재명의 장자방"이라고 했다.

2년간 비서실장으로 그림자 보좌를 한 천 의원은 이 대통령 당대표 2기 때 전략기획위원장으로 발탁됐다. 전략기획위원장은 핵심 당직이다. 민주당의 집권 전략 및 노선을 수립하고 당무를 기획하는 역할을 담당한다. 천 의원을 그만큼 신뢰한다는 뜻으로 해석되는 인사였다. 그는 이 대통령이 추진한 중도 보수로의 우클릭에 전략적 토대를 마련했다. 당 지도부의 신뢰 속에 천 의원은 보수와 진보 정책을 넘나드는 정책적 유연성으로 중도층을 공략했다.

12·3 계엄 사태 이후 윤석열 전 대통령 탄핵으로 이어지는 국면에서 당의 전략을 짜는 역할은 고난도의 정무적 판단을 요구했다. "집권 욕심에 눈이 멀어 대통령을 탄핵했다"는 프레임에 빠지지 않기 위해 실제 위헌 사항을 꼼꼼히 점검하고, 국민 여론을 살펴가며 움직여야 하기 때문이다. 결국 두 차례 시도 끝에 탄핵안은 국회를 통과했고, 2025년 4월 4일 헌법재판소는 8대 0 전원일치로 윤 전 대통령을 파면했다.

천 의원은 시민사회운동에서 시작해 국회의원으로 성장한 인물이다. 한국청년연합(KYC) 사무처장과 공동대표를 지내며 청년 유권자 운동과 '아이 키우는 아버지학교' 등 시민운동을 펼쳤다. 국회 입성 후에는 활발한 의정활동을 통해 존재감을 키우고 있다. 천 의원은 1993년 경희대 총학생회장 시절 1,000원이었던 학교 앞 식당 밥값이 1,500원으로 오르자 학생 1,500여 명의 의견을 모아 상인회와의 협상에 나섰고, 결국 1,200원으로 낮췄다. 이 경험은 천 의원의 첫 정치적 자산이 됐다.

천 의원의 '인생 법안'은 불법사채근절 대부업법이다. 불법사채근절 정책개선을 주도하고, 법 개정 이후 후속 조치까지 수행했다. 이 법은 2024년 12월 국회에서 통과됐다. 불법사채근절을 위한 것으로, 대부업 등록 자금요건 강화, 반사회적 불법계약 무효화 등과 함께 법정 최고형 상향을 골자로 한다. 법정형이 벌금형인 경우 종전에 비해 10배까지 강화돼 최대 5억 원까지 선고할 수 있게 된다. 징역형은 법정 최고형이 10년으로 2배 강화된다. 불법사채 범죄의 예방과 처벌을 위해 형벌 기준을 대폭 높인 것이다.

이 법을 통과시키기 위해 천 의원은 3회 이상 연속토론회 개최를 통한 공론화 과정을 거쳤다. 법안 발의 및 심사 과정에서 정부·여당과의 정책 조율로 통과를 주도했다. 법안 통과로 그치지 않고 후속 과제 발굴 및 조치를 위해 계속해서 의정활동에 매진하고 있다.

21대 국회 당시 1호로 냈던 '경비노동자 보호법(공동주택관리법 일부개정안)'도 그가 추진했던 주요 법안이다. 경비노동자가 경비 외 다른 업무도 할 수 있도록 기존의 업무 범위를 현실화하고, 경비노동자에게 부당한 지시를 할 수 없도록 하는 내용을 담고 있다. 폭언 등 신체적·정신적 고통 유발 행위로부터 경비노동자를 보호하는 법안이다.

한준호 더불어민주당 최고위원

출생 1974년 전주

학력 우석고–연세대 수학·생활디자인과, 가톨릭대 글로벌한류비즈니스학 석사

경력 21·22대 국회의원, 민주당 원내대변인, 20대 이재명 대선캠프 수행실장, 민주당 홍보위원장, 민주당 최고위원, 21대 대선 민주당 선대위 공동선대위원장

李 수행실장에서 '언론 개혁 선봉장'으로

한준호 더불어민주당 최고위원은 아나운서 출신 재선 의원이다. 2018년 6·13 지방선거를 앞두고 우상호 전 민주당 의원의 서울시장 경선 캠프 대변인을 맡으면서 정치권에 발을 디뎠다. 2020년 21대 총선 때 경기 고양을 지역구에 전략공천됐고, 2024년 4월 22대 총선에서 당선돼 재선에 성공했다.

한 최고위원이 이재명 대통령과 본격적으로 인연을 맺은 건 2021년이다. 2022년 20대 대선 때 이 대통령의 수행실장을 했다.

한 최고위원은 "(이 대통령과) 인연이 전혀 없어 처음에는 수행실장 제안을 거절했다"면서도 "실용주의 정치를 강조하는 데 끌려 정치적 동행을 시작했다"고 했다.

한 최고위원은 이 대통령의 이미지를 더욱 부드럽게 바꾸는 데 이바지했다는 평가를 받는다.

2022년 대선 때 이 대통령이 어린이들과 만난 일정을 SNS에 공유하며 "'와! 대통령 할아버지다~' 어쩌죠? 아직 대통령 아니시고, 할아버지도 아니에요~. 하지만 둘 다 조만간 되시겠죠?"라고 적기도 했다. 한 민주당 관계자는 "다소 강하게 비칠 수 있는 이 대통령의 인상을 부드럽게 만드는 데 한 최고위원이 큰 역할을 했다"고 했다.

이 대통령이 20대 대선 패배 후 재보궐 선거에서 당선돼 국회로 들어오자 한 최고위원은 당원권 강화를 앞장서서 주장했다. 이 대통령이 당권을 잡은 이후에는 줄곧 중앙당 홍보위원장을 맡았다.

한 최고위원이 친명계로 거듭난 건 지난해 8월 열린 정기전국당원대회(전당대회) 최고위원 선거에서다. 경선 초반 당선권 밖에 있던 한 최고위원을 이 대통령이 지지한다는 얘기가 당원들 사이에서 퍼지자 한 최고위원의 득표가 올라갔고, 최종 3위를 기록하며 최고위원에 선출됐다.

이 대통령은 과거 한 최고위원을 "언론 개혁의 상징"이라며 "언론 개혁의 선봉장이 돼 윤석열 정권이 입틀막한 언론의 자유를 확실하게 되찾을 분"이라고 했다.

한 최고위원은 이명박·박근혜 정부 때 MBC 파업에 참여했다. 2008년 이명박 정부가 미디어법 처리를 강행할 때 노조 집행부로 파업에 참여했다. 이후 수년간 아나운서국을 떠나 있었다.

8장

법조인
그룹

이 재 명 사 람 들

강금실 전 법무부 장관

출생 1957년 제주

학력 경기여고–서울대 법학과

경력 사법시험 23회, 사법연수원 13기, 서울고등법원 판사, 민주사회를 위한 변호사모임 부회장, 법무부 장관(노무현 정부), 법무법인 지평 대표변호사, 경기도 기후대응·산업전환 특별위원회 공동위원장, 20대 대선 더불어민주당 이재명 후보 후원회장, 21대 대선 이재명 후보 총괄선거대책위원장

李 후원회장에서 선대위원장까지

강금실 전 법무부 장관은 한국 법무 역사에서 '최초의 여성'이라는 수식어를 다수 보유한 인물이다. 서울 지역 첫 여성 형사 단독판사를 거쳐 2003년 노무현 정권의 초대 법무부 장관으로 임명되며 헌정사상 최초의 여성 법무부 장관이 됐다. 여성 법조인 중 법무법인 대표도 처음으로 지냈다.

법무부 장관 재임 시절엔 검찰 개혁 중책을 맡았다. 검찰의 수사·기소권 남용을 방지하기 위해 검찰 내부 감찰 기능을 강화하는 등의 시도를 했다. 대검 중수부 개혁과 인사시스템 개선, 국가인권위원회와의 협력 강화 등이 당시 주요 과제로 추진됐다.

이재명 대통령과는 2021년 경기도지사였던 이 대통령이 조직한 '기후 대응·산업전환 특별위원회' 공동위원장을 맡으며 인연을 맺었다. 이후 2022년 대선에선 이 대통령의 후원회장을 맡았고, 이번 21대 대선에선 총괄선대위원장을 맡아 캠프 운영 전반을 조율했다.

강 전 장관은 선거운동 기간 한 방송에 나와 "이 후보와 특별히 교류가 있는 관계는 아니라 이번 선대위 합류를 예상하진 못했다"면서 "내란 상황이 아직 끝나지 않았고 모두 간절한 심정이었기에 할 수만 있다면 뭐라도 해야겠다는 간절한 마음으로 수락했다"고 밝혔다.

이 대통령과는 '헌정질서 회복'이라는 공통된 문제의식을 갖고 있다. 그는 선대위 합류 직후 "지금의 정치 상황은 사실상 헌정 위기"라며 "사법의 정치화가 아닌 헌법 질서 회복이 중요하다"고 강조했다. 캠프에서도 검찰 개혁, 공직 권한의 민주적 통제 등에 대한 메시지를 조율하는 역할을 맡고 있다.

정치권엔 2006년 서울시장 선거 출마를 통해 처음 발을 들였다. 열린우리당 후보로 출마했으나 오세훈 당시 한나라당 후보에 패하며 낙선했다. 이후 정계를 떠나 법무법인의 고문 변호사 겸 외교통상부 여성인권대사 등으로 활동했다.

박균택 더불어민주당 의원

출생 1966년 광주광역시

학력 광주대동고–서울대 법학과

경력 사법시험 31회, 사법연수원 21기, 광주고검장, 법무부 검찰국장, 22대 국회의원, 민주당 법률위원장

온화하지만 강골인 법조인 출신

박균택 더불어민주당 의원은 검사장 출신 초선 의원이다. 광주고검장을 지낸 박 의원은 2023년 이재명 대통령의 변호인을 맡으며 주목받았다. 이 대통령을 변호한 이력을 발판 삼아 지난해 22대 총선에서 민주당 공천을 받았고, 고향이자 민주당 텃밭인 광주 광산갑에서 당선됐다. 당 법률위원장을 지냈고, 이번 대선 선대위에서는 공명선거법률지원부단장을 맡았다.

박 의원은 변호인을 맡기 전까지 이 대통령과 별다른 인연이 없었다. 2020년 검찰을 나와 변호사 활동을 하며 정치권 진출 기회를 엿보고 있었다. 박 의원은 "법률가 출신 의원들이 나를 이 대통령에게 추천한 것으로 알고 있다"며 "그때 인연이 잘 풀려서 지금까지 이어오고 있다"고 말했다.

변호인단에 합류한 박 의원은 이 대통령의 대장동·위례 개발 비리 의혹과 성남FC 후원금 의혹 사건의 변호를 맡게 된다. 검찰 출두 시점을 조율하고 실제 출석 시 조사에 입회하는 등 수사 초기 단계부터 변호를 맡아왔다. 이 대통령 측은 검찰 대면 조사에 앞서 박 의원이 문재인 정부 출범 직후인 2017년 검찰 인사와 예산을 총괄하는 법무부 검찰국장을 거쳐 이듬해 고검장을 역임한 점을 참작한 것으로 알려졌다. 당시 이 대통령과 검찰은 소환 시점을 놓고 기 싸움을 벌이고 있었는데 박 의원이 조정 능력을 발휘했다.

박 의원은 이 대통령을 변호한 뒤 기존에 알던 것 이상의 매력에 빠졌다. 그는 "항상 약자와 서민의 애환을 어떻게 해결할 수 있는지 관심을 기울인다"고 말했다. 박 의원은 검찰 출석 당시 일화를 전했다. 검찰에선 평일 출석을 고집했지만, 현역 의원이자 당대표 신분이었던 이 대통령은 정치 일정 때문에 주말 소환에 응하겠다고 맞서고 있었다.

이때 박 의원은 이 대통령이 주말에 출석하면 검찰청사 청원경찰과 비검사 행정 인력 등 수십 명이 나와야 한다고 전했다고 한다. 그 얘기를 듣고 이 대통령은 평일 일정을 조정해 검찰 소환에 응했다. 박 의원은 "검사와는 맞서더라도 다른 직원들이 자신 때문에 피해를 보면 안 되지 않느냐고 했다"고 전했다.

광주 광산구가 고향인 박 의원은 서울대 법학과를 졸업한 뒤 31회 사법시험에 합격하며 검사 생활을 시작했다. 박 의원은 부드러운 성품과 겸손한 언행으로 선후배들의 신망을 받았다고 한다. 검사로서도 승승장구했다. 노무현 정부의 사법제도 개혁추진위원회 파견 검사로 활동한 박 의원은 2015년 검사장으로 승진했다.

검사 시절 '원칙과 소신의 아이콘'으로 불린 그는 형사부 검사 출신으론 드물게 문재인 정부 때인 2017년 5월 검찰의 4대 요직 중 하나인 법무부 검찰국장에 임명돼 검찰 개혁 실무를 책임져 정치권의 주목을 받았다.

박 의원은 국회 법제사법위원회에서 활약 중이다. 수사기관인 검찰을 인권기관으로 탈바꿈시키겠다는 게 박 의원의 포부다. 당내 강경파들이 포진해 있는 법사위 내에서도 합리적이고 균형감 있는 주장을 펴는 것으로 평가된다.

박희승 더불어민주당 의원

출생	1963년 전북 남원
학력	전주고–한양대 법대
경력	사법시험 28회, 사법연수원 18기, 수원지방법원 안양지원장, 22대 국회의원

李와 사법연수원 동기

박희승 더불어민주당 의원은 판사 출신 초선 의원이다. 이재명 대통령과 사법연수원 동기(18기)다. 이 대통령, 정성호 민주당 의원, 문무일 전 검찰총장 등과 노동법학회에서 활동했다.

서울서부지방법원 수석부장판사, 수원지법 안양지원장을 역임한 박 의원은 2016년 민주당에 입당했다. 당시 정치권 입문을 고민하던 박 의원에게 이 대통령이 역할을 했다고 한다.

박 의원은 전북 남원 출신으로 전주고와 한양대 법대를 거쳐 28회 사법시험에 합격했다. 1992년 광주지법을 시작으로 25년간 판사로서 탄탄대로의 길을 걸었다. 박 의원은 2016년 당시 당대표였던 문재인 전 대통령의 인재 영입으로 민주당에 입당했다. 박 의원은 당시 "판사로서 성문법을 해석·적용하는 재판 업무의 본질상 법의 테두리를 벗어날 수 없다는 한계를 느낄 때가 많았다"고 정치권에 입문한 이유를 밝혔다.

박 의원은 두 차례 도전한 총선에서 내리 패배하는 등 정치 행보는 잘 풀리지 않았다. 그는 민주당 입당 후 곧바로 2016년 20대 총선 때 전북 남원시·임실군·순창군 선거구에 출마했지만, 이용호 당시 국민의당 후보와 현역이던 강동원 무소속 후보에게 밀려 3위로 낙선했다. 박 의원은 2020년 20대 총선에도 도전했지만, 당내 경선에서 이강래 전 의원에게 밀려 출마 기회를 얻지 못했다. 이후 당 전북 지역위원장을 거쳐 정치적 기반을 쌓았고, 결국 21대 총선 전북 남원시·장수군·임실군·순창군 선거구에 출마해 당선됐다.

당선 후엔 국회 보건복지위원회로 활동했지만, 민주당은 윤석열 전 대통령의 탄핵 심판을 앞둔 올 1월부터 박 의원이 '전공'을 살릴 수 있도록 법제사법위원회로 보임시켰다. 박 의원은 대법관(노경필·박영재·이숙연) 임명 인사청문특별위원회, 헌법재판소 재판관(마은혁·정계선·조한창) 선출 인사청문특위 등에서도 위원으로 활동했다.

박 의원은 평소엔 조용한 성격으로년 알려져 있지만 이 대통령의 사법 리스크를 방어하는 데 적극적인 역할을 했다. 이 대통령의 공직선거법 위반 사건 2심이 열렸던 2024년 11월

15일을 전후해 공직선거법 개정안을 발의했다. 법안은 공직선거법상 허위사실공표죄 부분을 삭제하고 당선무효의 기준을 현행 벌금 100만 원에서 1,000만 원으로 상향하자는 내용을 골자로 한다.

박 의원은 대법원이 지난 1일 이 대통령의 공직선거법 위반 사건과 관련해 파기환송으로 결정한 것에 대해서는 사법부를 강하게 비판했다. 박 의원은 "법원에 오래 몸담았던 한 사람으로서 법원이 정치적인 판단을 했다"며 "이례적인 파기환송·전원합의체·빠른 심리의 예외에 예외가 겹겹이 쌓이면 상식에서 벗어나고 이치에 맞지 않는 일이 된다"고 주장했다.

이건태 더불어민주당 의원

출생 1966년 전남 영암

학력 광주제일고–고려대 법대

경력 사법시험 29회, 사법연수원 19기, 서울중앙지검 형사2부 부장검사, 의정부지검 고양지청장, 19대 대선 안철수 후보 법률지원단 부단장, 22대 국회의원, 이재명 당대표 특보

'대장동 변호인' 5인방

이건태 더불어민주당 의원은 검사 출신 초선 의원이다. 이재명 대통령의 '대장동 변호사' 출신으로 이름을 알렸다.

이 의원은 1966년 전라남도 영암군 도포 출신이다. 광주제일고와 고려대 법대를 졸업한 뒤 1987년 29회 사법시험에 합격해 육군 법무관으로 전역했다. 사법연수원 19기로 서울중앙지검 형사제2부장검사, 제주지검·울산지검 차장검사, 인천지검 제1차장검사, 의정부지검 고양지청장 등 검찰 주요 요직을 거쳤다.

2016년 국민의당에 입당해 광주 서구갑에서 20대 국회의원 선거에 출마했으나 낙선했고, 2019년 더불어민주당에 입당했다.

　이 의원은 이 대통령의 핵심 측근인 정진상 전 당대표 정무조정실장의 뇌물수수 사건 등의 변호를 맡은 것을 계기로 22대 국회의원 선거에서 부천시병 공천을 받아 국회에 입성했다. 4선이었던 김상희 의원을 꺾고 공천을 따내 화제가 됐다. 정 전 실장은 대장동 일당으로부터 개발사업 편의를 봐주고 뇌물을 수수한 혐의 등으로 재판을 받고 있다.

　국회에 입성해서도 이 대통령의 사법 리스크에 적극적인 대응을 하면서 '이재명의 방패'로 자리 잡았다. 이재명 후보 캠프에선 중앙선거대책위원회 법률대변인을 맡으며 법률적 자문과 지원을 담당하고 있다. 정치권에선 이 의원을 고검장을 지낸 박균택 의원과 함께 이재명의 방패 '투 톱'으로 꼽는다.

　이 의원은 이 대통령이 사법 리스크에 시달릴 때마다 강한 어조로 사법부를 비판하는 데 앞장서고 있다. 이 의원은 이 대통령의 공직선거법 사건을 유죄 취지로 파기환송한 조희대 대법원장에게 "국민의힘이 집요하게 주장했던 '파기자판 시나리오'를 사전에 검토했는지 밝히라"고 요구하기도 했다.

　이 의원은 향후 이재명 정부에서도 사법개혁에 힘을 보탤 것으로 보인다. 이 의원은 '법 왜곡죄'로 불리는 형법개정안을 대표 발의하기도 했다. 이 의원은 검찰이 이 대통령을 겨냥해 '정적 죽이기'를 했다는 비판의식이 있는 것으로 알려졌다. 법

왜곡죄는 검사가 수사나 공소 등을 할 때 법률을 왜곡해 적용할 경우 처벌하도록 하는 내용을 담고 있다. 일각에서는 '이재명 방탄법'이라고 비판하기도 한다.

이태형 변호사

출생	1967년 경남 산청
학력	영등포고–고려대 법학과 및 동대학원 석·박사(수료), 브리티시컬럼비아대(UBC) 법학 박사(J.D.)
경력	사법시험 34회, 사법연수원 24기, 수원지검 공안부장, 의정부지검 차장검사, 법무법인 엠 변호사, 20대 대선 이재명 후보 법률지원단장, 21대 대선 민주당 중앙선대위 공명선거법률지원단 부단장

"李 사법 대응에는 그가 있다"

이태형 변호사는 이재명 대통령의 법률 참모다. 21대 대통령 선거에서 더불어민주당 중앙선거대책위원회 공명선거법률지원단 부단장을 맡았다.

이 변호사는 사법연수원 24기로, 지난 2018년 의정부지검 차장검사를 끝으로 공직을 떠났다. 검사 시절 기업비리, 금융·조세 등 특별수사와 노동, 선거 등 공공수사를 주로 했다. 2018년 7월 검찰을 떠나고 몇 달 지나지 않아 이 대통령 사건을 맡았다. 이는 이 대통령과의 인연이 본격적으로 시작된 계기로 알려져 있다. 이 대통령과 가까운 한 인사는 "법률 대응 차원에서 이 변호사를 처음 접한 것으로 알고 있고, 이전 인연은 잘 알지 못한다"고 했다.

2018년 경기도지사였던 이 대통령은 당시 '친형 정신병원 강제 입원' 의혹과 관련한 허위사실 공표 혐의(공직선거법 위반 등)를 받고 있었다. 이 변호사는 이 사건 변호인단으로 들어가 핵심적인 역할을 했다. 이 대통령은 1심에서 무죄 판결을 받았지만 2심에서 당선무효형인 벌금 300만 원 형을 받았고, 대법원에서 무죄 확정판결을 받으면서 정치적으로 기사회생했다. 이 변호사는 이 사건의 1~3심과 파기환송심까지 맡으며 주축으로 활동했다. 비슷한 시기 이 대통령의 부인 김혜경 씨의 '혜경궁 김씨' 사건 변호도 맡았다.

검사 출신인 이 변호사가 어떻게 이 대통령 사건을 맡게 됐는지는 구체적으로 알려진 바가 없다. 다만 이 대통령의 측근이었던 유동규 씨는 지난 2023년 한 언론 인터뷰에서 "(이 대통령이) 검찰 고위 간부에게서 이태형 변호사를 소개받았다", "수원에 있는 경기도지사 공관에서 이재명 대표와 이 변호사가 처음 만났고, 나도 그 자리에 있었다"고 주장한 적이 있다.

검찰이 불기소한 이 대통령의 '변호사비 대납 의혹'도 이 변호사와 관련이 있다. 이 대통령이 이 변호사 등 변호인단 선임 비용을 쌍방울그룹이 대납했다는 의혹이 제기됐지만 검찰은 증거 불충분 무혐의로 2022년 불기소 처분을 했다. 그러나 검찰이 이 의혹을 수사하는 과정에서 지금의 쌍방울그룹 대북 불법 송금 의혹이 불거졌다. 이 변호사는 쌍방울그룹 계열사인 비비안의 사외이사를 지냈다. 이 변호사는 대납 의혹이 불거지자 대장동 사건 변호인단에서 사임했다.

이 변호사는 2022년 대선 때도 이 대통령의 대선 캠프 법률지원단장을 지냈다. 당내 기구인 사법정의특별위원회에서도 활동했다. 이번 대선에서 이 변호사와 함께 법률지원단 부단장을 맡은 인사는 박균택, 김기표 민주당 의원들이다. 이들 역시 검사 출신으로, '대장동 변호인' 출신이다.

민주당의 한 인사는 "이 대통령이 이 변호사를 상당히 신뢰하는 것으로 안다"며 "이재명 정부에서 자연스레 중책을 맡지 않겠냐"고 했다.

임선숙 변호사

출생 1966년 전남 완도

학력 광주 살레시오여고–전남대 법학과

경력 사법시험 38회, 사법연수원 28기, 민변 광주전남 지부장, 광주지방변호사회 회장, 5·18 기념재단 이사, 국가균형발전위원회 위원, 국무조정실 정무업무평가위원회 위원, 법무부 검찰과거사위원회 위원, 민주당 최고위원, 21대 대선 민주당 선대위 배우자실장

李가 지명한 최고위원 출신 배우자실장

임선숙 변호사는 호남 지역에서 잔뼈가 굵은 법조인이다. 21대 대선 과정에서 이재명 대통령의 부인 김혜경 여사를 보좌하는 당 중앙선대위 배우자실장을 맡았다. 상임총괄선대위원장실 수행실장을 맡은 친명계 초선 정진욱 민주당 의원의 배우자이기도 하다.

임 변호사의 뒤에는 '여성 최초'라는 수식어가 늘 따라다녔다. 전남 완도 출신인 그는 광주 살레시오여고와 전남대 법대(86학번)를 졸업했다. 1996년 38회 사법시험에 합격, 2012년과 2019년 각각 민주사회를 위한 변호사모임(민변) 광주전남 지부장과 광주지방변호사회 회장을 역임했다. 전남대 출신 첫 여성 사법고시 합격자이자 민변 지부장과 광주지방변호사회 회장직에 오른 첫 여성 변호사이기도 하다. 5·18 기념재단 이사로도 활동한 그는 국가보안법 위반 사건, 광주 인화학교 피해자 손해배상 청구 소송 등을 도맡았다.

그랬던 그가 본격적으로 민주당과 호흡을 맞추기 시작한 건 2006년 노무현 정부 때부터다. 임 변호사는 당시 제3기 대통령자문 국가균형발전위원회 위원을 지냈고, 문재인 정부 시절에는 국무조정실 정무업무평가위원회 위원과 법무부 검찰과거사위원회 위원으로 활동했다. 지난 2022년 지방선거 직후엔 강기정 광주광역시장 인수위원회 현안TF위원장으로 임명됐다.

민주당에서 최고위원직과 국회의원 등 전략공천 제안이 이어졌지만, 그는 모두 고사했던 것으로 알려졌다. 그랬던 그를 이 대통령이 2022년 당대표 선출 직후 지명직 최고위원으로 임명하면서 중앙정치에 본격적으로 발을 들였다. 당시 수석대변인을 맡았던 안호영 의원은 인선 배경과 관련해 "진보적 시민사회 운동에 진력하고 신망이 높은 인물"이라며 "호남 지역과 여성, 시민의 목소리를 당에 반영하겠다는 의지의 표현"이라고 설명했다.

다만 그는 임명 6개월 만인 2023년 6월 최고위원직 사의를 표명하고 자리에서 물러났다. 이 대통령의 체포동의안이 국회에서 가결되는 등 당 안팎의 분위기가 어수선해지자 내린 결정이었다. 비명계와 당내 최대 의원 모임인 '더좋은미래'에서 지도부 인적 쇄신 요구가 빗발친 데 따른 것이란 분석도 나왔다. 6·3 대선을 앞두고 부부가 나란히 당 선대위에 참여하면서 향후 임 변호사의 역할에도 관심이 쏠리고 있다.

9장

학계·정책자문 그룹

이 재 명   사 람 들

문진영 서강대 신학대학원 교수

출생 1962년

학력 연세대 사회복지학과, 영국 헐대 사회정책학 박사

경력 경기도일자리재단 대표, 한국사회복지정책학 회장

'포용적 복지국가' 구상 조력자

문진영 서강대 신학대학원 사회복지학과 교수는 지난 2017년 19대 대선 때부터 이재명 대통령에게 복지 분야 자문을 해온 학계 인사다.

이 대통령의 아동복지 관련 대표 공약은 아동수당 확대다. 월 10만 원의 아동수당 지급 대상을 '8세 미만'에서 '18세 미만'으로 확대하는 것을 골자로 한다. 이 대통령은 2022년 20대 대선 때도 아동수당 확대 공약을 내걸었다. 문 교수는 당시 민주당 선거대책위원회 포용복지국가위원회에서 이 대통령의 복지 공약을 총괄했다. 당시 이 대통령은 육아휴직 부모 쿼터제와 자동 육아휴직 등록제 도입 등의 7대 아동정책 공약을 냈다. 해당 공약은 이번 대선에서도 상당수 포함이 됐다.

이 대통령의 또 다른 복지 공약인 '돌봄 국가책임제'도 문 교수의 구상으로 알려져 있다. 문 교수는 "이 대통령의 복지 철학은 단순히 복지 확대가 아니라 실용적 측면에서 혁신적 제도 개선을 통해 포용 복지국가로 나아가는 것"이라고 했다. 19대 대선에선 문재인 전 대통령의 대통령 직속 정책기획위원회 포용 사회 분과위원장을 맡기도 했다.

문 교수는 성남시장 시절 대선에 도전한 2017년에도 이 대통령에게 복지 분야 자문을 했다. 이런 인연으로 문 교수는 2018년 경기도지사직 인수위원회인 '새로운경기위원회' 산하 문화복지분과 위원장으로 참여했다. 이후 경기도일자리재단 대표이사도 했다.

문 교수는 새로운경기위원회에서 이 대통령이 기존 성남시에서 진행하던 청년 배당과 군 복무 청년 상해보험 가입 지원 사업을 경기도 전역으로 확대하는 데 이바지했다. 생애 최초 청년 국민연금 지원사업도 국내 처음으로 경기도에서 시행하기도 했다. 생애 최초 청년 국민연금 지원사업은 만 18세 청년에게 국민연금 보험료 최초 1개월분을 지원해 연금 가입 기간을 늘리는 방식으로 추후 납부를 통해 노령연금 수령액을 높일 수 있는 제도다.

문 교수는 영국 헐대(University of Hull) 사회정책학 박사 출신으로 복지국가 건설에 관심이 많다. 국가인권위원회 사회권 전문위원회 위원, 고용안정센터 운영위원, 한국사회복지정책학회장 등으로도 활동했다. 문 교수는 2017년 한 언론사에 보낸 기고에서 "질적 민주주의를 정착시키기 위해서는 건강하고 튼튼한 복지국가 체제를 구축하여 빈곤과 불평등을 해소하고 우리 모두 한 공동체에 살고 있다는 연대 의식을 강화해야 한다"고 강조했다.

유종일 전 KDI국제정책대학원 원장

출생	1958년 전북 정읍
학력	서울대 경제학과, 하버드대 경제학 박사
경력	더불어민주당 경제민주화특별위원회 위원장, 주빌 리은행 공동은행장, KDI국제정책대학원장, 성장과 통합 상임 공동대표

"성장 전략 좀 만들어달라"

유종일 전 한국개발연구원(KDI) 국제정책대학원 원장은 진보 성향 경제학자다. 이재명 대통령 성남시장 시절, 이 대통령과 주빌리은행 공동은행장을 지낸 인연이 있다.

유 전 원장은 엘리트 코스를 밟은 경제학자다. 서울대 경제 학과를 졸업하고 미국 하버드대에서 경제학 박사 학위를 받 았다. 유 전 원장은 노트르담대, 케임브리지대, 리쓰메이칸대 에서 조교수 생활을 하다 외환위기 직전인 1997년 중반 귀국 했다.

유 전 원장은 보수 정당보다는 더불어민주당 계열 정당과 가까웠다. 노무현 전 대통령 때 경제 정책 공약을 만드는 데 참여하면서 '노무현의 가정교사'로 불리기도 했다. 이명박 정부 당시엔《MB의 비용》이라는 책을 내고 정부의 고환율 정책과 자원외교, 4대강 사업 등을 비판했다. 문재인 정부에서는 KDI 국제정책대학원장으로 재임하면서 정부의 과감한 재정지출을 주장하기도 했다. 그러면서도 과도한 시장 개입 정책에는 날이 선 비판을 했다.

유 전 원장은 이 대통령이 성남시장이던 시절부터 본격적으로 연을 맺었다. 이들의 공통 분모는 정동영 민주당 의원이다. 이 대통령은 2007년 대선에서 정 의원의 지지자 모임인 '정통들' 멤버로 활동을 했는데, 유 전 원장도 정 의원과 과거부터 가까운 사이였다. 유 전 원장은 2014년 이재명 당시 성남시장 후보의 정책자문단에 참여했고, 이듬해부터 2019년까지는 성남시가 추진한 주빌리은행의 은행장을 맡았다. 그때 공동은행장이 이재명 당시 시장이었다. 유 전 원장은 한 인터뷰에서 "불법 사금융을 단속하는 일이나 채무 취약계층을 효과적으로 지원하는 것을 보고 주목해야겠다는 생각이 들었다"고 회고했다.

유 전 교수는 이 대통령이 당내 경선을 할 때부터 돕기 시작했다. 유 전 교수는 한 언론과의 인터뷰에서 "윤석열 전 대통령에 대한 탄핵소추안이 국회에서 가결된 이후 이 후보로부터 직접 전화가 왔다"며 "첫 마디가 '교수님, 퇴직하신 것 맞죠? 성장 전략 좀 만들어주세요'였다"고 했다. 그러면서 "진심이구

나"라고 생각했다고 한다.

유 전 원장은 진보 성향으로 통하지만, 민주당 정권의 역대 정책에 대해서도 "비판할 것은 비판한다"는 평가를 받는다. 그는 지난 4월 한국경제신문과의 인터뷰에서 "문재인 정부는 최저임금과 임대차 시장 등에 직접 개입했는데, 그때처럼 시장 원리를 무시하면 엇박자가 나고 정책은 오히려 효과를 내지 못한다"고 했다.

문 정부의 탈원전 정책에 대해선 "재생에너지는 에너지 생산이 일정하지 않고, 상대적으로 값이 비싸다"며 "원자력 에너지는 과학적으로 보면 화력 발전보다 훨씬 안전하다"고 했다. 그는 신규 원전 건설에 대해서도 "빨리 할수록 좋다"는 입장을 밝힌 바 있다. 부동산 정책에 대해서는 "시장 원리를 거슬러 가면서 때려잡으려고 하면 안 된다"고 했다.

그는 이 대통령의 트레이드 마크인 기본소득에 대해서도 선을 분명하게 그었다. 정책 취지에는 공감하지만, 지금의 정치·경제적 상황에선 실현성이 없고 옳지도 않다는 것이 그의 생각이다. 유 전 원장은 경제 성장을 강조했다. 현 경제 상황은 성장 활력을 되찾지 않는 이상 분배 문제도 해결하기 어렵다는 입장이다. 유 전 원장이 이끌었던 성장과통합은 대선 한 달여를 앞두고 해산하며 공식 활동이 중단됐다.

정한중 한국외대 법학전문대학원 교수

출생 1961년 전남 광양

학력 순천고―동아대 법학과 및 동 대학원 석사

경력 사법시험 34회, 사법연수원 24기, 검찰총장 징계
위원장(직무대행), 22대 총선 더불어민주당 영입인
재, 한국외국어대 법학전문대학원 교수

검찰총장 윤석열을 징계했던 檢 저격수

정한중 한국외대 법학전문대학원 교수는 22대 총선을 앞두고
이재명 당시 당대표가 '검찰 저격수'로 영입했다. 민주당이 검
찰 개혁을 총선의 주요 아젠다로 띄우기 위해 영입한 인사다.
정 교수는 이후 이재명 대통령을 기소한 검찰을 비판하는 데
도 앞장섰다.

민변 출신인 정 교수가 민주당과 인연을 맺은 건 문재인 정
부 초기인 2017년부터다. 당시 그는 검찰 개혁을 위한 법무부
의 법무·검찰개혁위원회와 검찰과거사위원회에서 활동했다.

이후 대중에 본격적으로 이름을 알린 건 2020년 윤석열 당
시 검찰총장 징계위원장(직무대행)을 맡으면서다. 사상 초유의

검찰총장 징계 사건을 주도하며 정치권 안팎의 이목을 끌었다. 정 교수는 윤석열 검찰총장에게 정직 2개월의 중징계를 내렸다. 그는 평소 윤석열 당시 총장에 대한 비판적인 견해를 지속해서 드러내며 검찰과 대립각을 세웠다.

정 교수는 사법연수원 시절부터 법조계에 이름을 알렸다. 검찰이 1994년 전두환 전 대통령의 군사 반란죄가 그해 12월 12일로 공소시효가 끝난다고 발표했다. 당시 사법연수원생이었던 정 교수는 서울변호사회 연수에서 "대통령은 재직 중 공소 제기하지 못하게 헌법에 규정됐다. 고로 군사 반란죄 등의 공소시효는 재직 기간을 제외해야 한다"는 법리를 주장했다.

이 주장은 큰 반향을 일으켰고, 헌법소원 심리에서 받아들여지며 전두환·노태우 전 대통령의 사법처리를 가능케 했다. 당시 법조계에선 "기존의 통념을 깬 콜럼버스의 달걀"이라는 평가가 나왔다.

민주당도 지난해 총선을 앞두고 정 교수를 인재로 영입하면서 대외에 '전두환을 단죄한 인물'로 소개했다. 당시 전남 광양 출신인 정 교수는 순천·광양·곡성·구례 갑 또는 을 지역구에 출마하려고 했지만, 공천 과정에서 기회를 얻지 못했다.

대선 직전 대법원의 이재명 대통령 공직선거법 위반 사건 유죄 취지 파기환송과 관련해선 규탄하는 목소리를 냈다.

최근엔 대법원을 규탄하는 '사법 쿠데타 저지 변호사단'이 출범했는데, 여기에도 이름을 올렸다. 민주당 의원 모임인 '더 여민'이 주최한 토론회에서도 "양형 조사를 할 수 없는 대법원이 사실 파기에 나선다면, 이는 대법원이 하급심이 되겠다는 선언과 다름없다"고 주장했다. 정 교수는 지난해 9월 비슷한 행사에서도 "일부 정치인들의 허황된 꿈과 달리 이재명 사건은 100% 무죄"라고 강조했다. 그는 이 대통령의 싱크탱크였던 성장과통합에서도 사법개혁위원회에 속했다.

정 교수는 현재 한국외대 교수로 연구에 전념하고 있지만, 민주당 집권 시 언제든 중용될 수 있다는 관측이 많다. 정치권 관계자는 "민주당이 사법개혁을 대선 화두로 띄우고 있는 만큼 검찰 개혁의 칼을 뽑아봤던 인사들의 쓰임이 있을 것"이라고 말했다.

주병기 서울대 경제학부 교수

출생 1969년

학력 서울대 경제학과, 미국 로체스터대 경제학 박사

경력 한국응용경제학회장, 서울대 분배정의연구센터
소장

'이재명표 분배 정책' 설계자

주병기 서울대 경제학부 교수는 이재명 대통령의 경제 정책
중 분배 부문을 담당하는 핵심 자문가다. 분배 정의와 소득 불
평등 해소 정책을 설계하는 역할을 맡고 있다. 진보 성향 경제
학자인 이준구 서울대 경제학부 명예교수의 제자다.

주 교수는 이 대통령을 소년공으로 시작해 정치의 중심에 오
른 입지전적 인물이자 사회적 약자의 고통을 이해하는 리더라고
평가한다.

주 교수는 2020년 이 대통령의 측근인 이한주 민주연구원 원
장의 소개로 이재명 당시 경기지사의 정책 자문에 참여하기 시
작했다. 2022년 대선 때는 이 대통령의 정책자문단인 '세상을

바꾸는 정치'(세바정)의 경제 2분과 위원장을 맡아 분배 공약을 담당했다.

이번 대선에선 이 대통령의 초기 싱크탱크 역할을 했던 성장과통합에서 경제분과 공동위원장을 맡아 공정경제, 갑을 관계 개선, 재벌 개혁, 노동시장 및 중소기업 정책 등을 담당했다. 성장과통합이 사실상 해체됐지만 주 교수는 여전히 이 대통령의 중요한 조언자로 꼽힌다.

서울대 분배정의연구센터장 소장으로서 미시경제학, 재정학, 정치경제학 등을 중심으로 분배적 정의와 소득 불평등, 공정한 경제체계 등을 연구하고 있다. 주 교수는 서울대 연합전공 정치경제철학(PPE) 프로그램의 주임교수로서, 경제학, 정치학, 철학을 통합한 학제 간 교육을 제공하고 있다. 이 프로그램은 복잡한 현대 사회의 문제를 통합적 시각으로 분석하고 해결할 수 있는 인재를 양성하는 것을 목표로 한다.

주 교수는 학문적 연구뿐만 아니라 사회적 실천에도 적극적으로 참여하며, 한국 사회의 정의와 공정성을 높이기 위한 다양한 활동을 이어가고 있다. 사회문제 해결 공론화 플랫폼인 '소셜 코리아'의 자문위원으로 활동 중이다.

주 교수는《분배적 정의와 한국사회의 통합》,《정의로운 전환》,《정책의 시간》,《혁신의 시작》등 여러 저서를 통해 사회 정의와 경제 정책에 대한 통찰을 제공하고 있다. 또 〈르몽드

디플로마티크〉한국어판 등에 칼럼을 기고하며, 한국 경제와 사회문제에 대한 비판적 시각을 제시하고 있다.

그는 최근 칼럼에서 "성장하고 발전하려면 기존 질서에 안주하지 않고 기득권을 무너뜨리는 끊임없는 도전과 응전이 지속돼야 한다"고 분석했다. 이어 "실패를 피하려면 하루빨리 정치와 경제를 아우르는 사회 대개혁을 통해 후진적이고 비합리적인 정치경제 질서를 공정하고 합리적인 질서로 교체해야 한다"고 강조했다.

주 교수는 서울대 경제학과를 졸업하고 미국 로체스터대에서 경제학 박사 학위를 받았다. 미국 캔자스대와 고려대 경제학과에서 일한 바 있다. 한국응용경제학회 회장을 지냈다.

하준경 한양대 경제학부 교수

출생 1969년

학력 서울 중앙고-서울대 경제학과, 미국 브라운대 경제학 박사

경력 한국은행 금융경제연구원, 한국금융연구원 연구위원, 20대 대선 민주당 선대위 전환적공정성장위원장

성장 주장하는 이재명의 경제 책사

하준경 한양대 경제학부 교수는 이재명 대통령의 경제참모 그룹을 논할 때 빠지지 않는 인물이다. 그는 지금도 주요 일간지에 경제 관련 칼럼을 기고할 만큼 왕성한 대외 활동을 이어가고 있다.

학계에선 하 교수를 '중도 성향'의 주류 경제학자로 분류한다. 1969년생인 그는 1991년 서울대 경제학과를 졸업했다. 곧바로 대학원에 진학, 2년 만에 석사 학위를 취득한 다음 1993년부터 한국은행에서 근무했다. 2000년에는 미국 브라운대에서 경제학 박사 학위를 받았다.

하 교수는 경제 성장의 핵심 엔진으로 '기업가의 혁신'을 강조한 조지프 슘페터의 성장론을 연구한 것으로 알려져 있다. 하 교수는 학계 세미나에서 문재인 정부의 최저임금 인상 정책에 대해 "높은 소득은 높은 생산성으로 뒷받침돼야 한다"며 "최저임금 인상의 최적 속도를 고민해야 한다"고 말하기도 했다. 그는 자신을 스스로 '케인지언 성향'이라고 밝히기도 했다.

하 교수는 2021년 11월 한국경제신문과의 인터뷰에서 "저는 원래 정치권에 가까운 사람이 아니었다"며 "언론사에 칼럼을 쓰면서 한국 경제의 여러 문제를 많이 다뤘다"고 할 정도로 현실 정치와 별다른 인연이 없었다.

그랬던 하 교수를 본격적으로 정치권에 끌어들인 사람이 이 대통령이다. 2021년 초 이 대통령이 자신의 칼럼을 보고선 "한번 만나자"라며 연락을 해왔다는 것이 그의 설명이다. 하 교수는 "이런저런 얘길 나누다 보니, 한국 경제의 고질적 문제를 해결하는 데 필요한 식견과 리더십을 갖춘 분이란 생각이 들었다"고 했다. 이 대통령에 대해 "상당히 실용적 생각을 갖고 있다"고 말하기도 했다.

이 대통령과 뜻을 함께하기로 한 그는 20대 대선 때 싱크탱크 '세상을 바꾸는 정책(세바정) 2022'에서 경제1분과 위원장을 맡은 데 이어, 후보 직속인 전환적공정성장 전략위원회에서 위원장을 맡았다. 민주당 선대위에서 경제학자 중 공식 직책을 받은 인물은 하 교수가 유일하다.

문재인 정부에서 국민경제자문위원으로 활동했던 그는 이 대통령 측에 합류한 이후 문 정부의 경제 정책에 대해 냉혹한 평가를 아끼지 않았다. 문 정부의 '임대차 3법'을 두고 "집주인들이 임차인을 내쫓고 들어와 살게 하는 결과를, 심지어 해외에 사는 노인들이 서울에 사는 세입자를 내보내는 결과를 낳았다"라거나 "(집값이 오르는 상황에서) 1가구 1주택에 너무 많은 혜택을 몰아주다 보니 가구 분화를 촉진해 주택 수요를 더 키웠다"고 말한 것이 대표적이다.

하 교수는 이 대통령의 선대위에서 경제 정책, 그중에서도 성장 전략을 주도적으로 만들었다. 같은 위원회의 주병기 서울대 경제학부 교수가 분배 정책을 다룬 것과 대조적이다. 당시 그는 "기본소득은 단순 현금성 지원이 아닌, 전환의 촉매제"라며 "궁극적으로 '전환적 공정 성장'을 달성하겠다"고 했다. 대선이 본격화하면서 이 대통령의 트레이드마크인 기본시리즈를 두고 논란이 일자 하 교수가 대신 '성장'을 강조한다는 평가도 나왔다.

하 교수는 이번 대선에서도 이 대통령의 참모그룹으로 돌아왔다. 민주당 대선 경선 과정에서 '내분 논란'을 빚었던 이 대통령의 외곽 싱크탱크 그룹이었던 성장과통합의 경제분과 위원장을 맡았다.

허민 전남대 지구환경과학부 교수

출생	1961년 전남 순천
학력	순천고–전남대 지질학과
경력	전남대 부총장, 20대 대선 이재명 캠프 싱크탱크 세상을 바꾸는 정책 2022 공동대표, 성장과통합 상임공동대표

'공룡 박사'와 윤석열 규탄

허민 전남대 지구환경과학부 교수를 설명할 때 함께 등장하는 단어다. 학계에선 그를 '위대한 과학자'로, 정치권은 그를 '호남 오피니언 리더'로 분류한다.

허 교수는 학계에서 공룡 박사로 통한다. 국내에서 최초로 공룡 화석을 발굴한 연구자이기 때문이다. 1961년 전남 순천에서 태어나 전남대 지질학과를 졸업한 그는 1996년 전남 해남군 우항리 일대에서 익룡 발자국 화석을 발굴하는 '대형 특종'을 거둔다. 이 화석을 바탕으로 학술지 〈지올로지컬 저널〉에 '해남이크누스 우항리엔시스'라는 학명을 올린 그는 성과를 인정받아 2003년 케임브리지 국제 전기(傳記) 센터로부터

'21세기 위대한 과학자 2000인'에 선정됐다.

영국 케임브리지 국제인명센터(IBC)로부터는 '2005년도 세계 100대 과학자'에 선정되기도 했다. 연구자로서의 영예는 지금도 계속되고 있다. 허 교수는 2020년에는 영국지질학회의 명예 회원으로 재선정됐다. 전 세계 68명뿐인 명예 회원 중에 한국인은 허 교수가 유일하다.

지질학만 연구할 것 같은 그는 현실 정치에서도 심심찮게 언급된다. 학계에선 공룡 전문가일지 몰라도 정치권에선 호남의 오피니언 리더로 통해서다.

허 교수가 이재명 대통령과 어떻게 인연을 맺게 됐는지는 구체적으로 알려지지 않았다. 허 교수와 이 대통령과의 관계를 다룬 언론 보도는 20대 대선을 앞둔 시점인 2021년부터 본격적으로 등장한다. 허 교수는 당시 대선에 출마한 이 대통령을 지지하는 모임 '광주·전남 정책 포럼'에서 공동 상임대표를 맡았다.

이 포럼은 광주·전남지역 교수 200여 명이 모인 대규모 조직으로, 창립 목적으로 '광주·전남 지역발전'과 '지역사회의 오피니언 리더로서 민주적 여론 형성' 등을 내세웠다. 당시 포럼 출범식에 현 민주연구원장인 이한주 당시 경기연구원장이 참석해 기조 강연을 하기도 했다.

허 교수의 이름은 그해 8월 1,800여 명의 대학교수와 전문가들이 모인 정책 조직인 '세상을 바꾸는 정책 2022'에도 등장한다. 세바정에서 공동 대표단을 맡은 그는 이듬해 이 대통령 직속 균형 발전위원회선 지역 본부장을 맡는 광폭 행보를 보인다. 2022년엔 20대 대선을 앞두고 광주와 전남지역 정치권이 이 대통령을 지지하기 위해 모인 '광주·전남 이재명과 동행 선언'에서 광주·전남본부 상임대표로 합류했다.

허 교수는 외곽 지원을 넘어 '직접 등판'도 시도한 적이 있다. 허 교수는 지난해 4월 치러진 22대 총선에서 민주당 비례대표 후보로 출마했는데, 최종적으로 민주당과 진보당, 새진보연합 등 범야권이 모인 비례정당 더불어민주엽합의 최종 비례대표 후보 30인에는 이름을 올리지 못했다. 그럼에도 불구하고 지역 내 영향력은 무시할 수 없다는 것이 정치권의 평가다.

허 교수는 지난해 11월 전남대 교수 107명의 윤석열 정부에 대한 시국선언을 주도한 것으로 알려졌다. 이번 21대 대선을 앞두고는 이 대통령의 정책 자문그룹으로 알려졌던 성장과통합의 상임공동대표로 이름을 올렸다.

부록

이재명 대선 공약

정책순위 1

세계를 선도하는
경제 강국을 만들겠습니다.

분 야 : 경제·산업

■ **목 표**

　○ AI 등 신산업 집중육성을 통해 새로운 성장기반 구축

　○ K-콘텐츠 지원강화로 글로벌 빅5 문화강국 실현

■ **이행방법**

　○ 인공지능 대전환(AX)을 통해 AI 3강으로 도약

　　- AI 예산 비중 선진국 수준 이상 증액과 민간 투자 100조원 시대 개막

　　- AI 데이터센터 건설을 통한 'AI 고속도로' 구축 및 국가 혁신거점 육성

　　- 고성능 GPU 5만개 이상 확보와 국가 AI데이터 집적 클러스터 조성

　　- '모두의 AI' 프로젝트 추진 및 규제 특례를 통한 AI 융복합 산업 활

　　　성화

- AI 시대를 주도할 미래인재 양성 교육 강화

○ 대한민국의 미래성장을 위한 글로벌 소프트파워 Big5 문화강국을 실현

- K컬쳐 글로벌 브랜드화를 통한 K-이니셔티브 실현 및 문화수출 50조 원 달성

- K-콘텐츠 창작 전 과정에 대한 국가 지원 강화 및 OTT 등 K-컬처 플랫폼 육성

- 문화예술인의 촘촘한 복지 환경 구축 및 창작권 보장

○ K-방산을 국가대표산업으로 육성

- K방산 수출 증대를 위한 컨트롤타워 신설 및 방위사업청 역량 강화

- 국방 AI 등 R&D 국가 투자 확대 및 방산수출기업 R&D 세제 지원 추진

○ 국가첨단전략산업에 대한 대규모 집중투자방안 마련

- 국민·기업·정부·연기금 등 모든 경제주체들이 참여할 수 있는 국민펀드 조성

- 일반국민·기업의 투자금에 대해 소득세·법인세 감면 등 과감한 세제 혜택 부여

- 산업생태계 뒷받침을 위한 기금을 설치하여 맞춤형 자금공급 지원

○ 안정적 R&D 예산 확대 및 국가연구개발 지속성 담보

- 정부 R&D성과가 전체 산업으로 확산되는 혁신성장 체계 구축

- 기초 원천분야 R&D의 안정적 투자

- 혁신성장을 견인할 미래형 창의인재 양성

○ 벤처투자시장 육성으로 글로벌 4대 벤처강국 실현

- 모태펀드 예산 및 벤처·스타트업 R&D 예산 대폭 확대

- M&A 촉진 등을 통한 벤처투자의 회수시장 활성화

- 지역여건을 고려한 스타트업파크 조성, 대학·지식산업센터 등 지역거
  점으로 육성

○ 스마트 데이터농업 확산, 푸드테크·그린바이오 산업 육성, K-푸드
  수출 확대, R&D강화, 농생명용지 조기 개발로 농업을 미래농산업
  으로 전환·육성

■ **이행기간**

○ 법률 제·개정 사항은 2025년 6월부터 준비하여 단계적으로 추진

○ 재정사업은 2025년 추경과 2026년도 예산 수립부터 단계적으로
  추진

■ **재원조달방안 등**

○ 정부재정 지출구조 조정분, 2025~2030 연간 총수입증가분(전망)
  등으로 충당

내란극복과 K-민주주의 위상 회복으로 민주주의 강국을 만들겠습니다.

분 야 : 정치·사법

■ 목 표

○ 내란극복

○ 국민통합

○ 민주주의 회복

■ 이행방법

○ 대통령 계엄권한에 대한 민주적 통제 강화

- 계엄선포시 국회의 계엄해제권 행사에 대한 제도적 보장 강화

○ 정치보복 관행 근절 등 국민통합 추진

○ 직접민주주의 강화 등을 통한 책임정치 구현

- 국회의원에 대한 국민소환제 도입

○ 국민에 봉사하는 군으로 체질 개선

  - 국방문민화 및 군정보기관 개혁

  - 3군 참모총장에 대한 인사청문회 도입 및 각 군 이기주의 극복

○ 반인권적으로 운영되고 있는 국가인권위원회의 정상화 추진

  - 인권위원장 등 선출시 국민적 후보추천위원회 구성

  - 인권위원장과 인권위원의 의무 및 징계규칙 신설

○ 감사원의 정치적 중립성 및 독립성 강화

  - 감사개시, 고발여부 결정시 감사위원회 의결 필수화

  - 감사원 내부를 감찰하는 감찰관에 감사원 외부인사 임명 의무화

○ 검찰 개혁 완성

  - 수사·기소 분리 및 기소권 남용에 대한 사법통제 강화

  - 검사 징계 파면 제도 도입

○ 사법 개혁 완수

  - 온라인재판 제도 도입, 대법관 정원 확대 등 신속한 재판받을 권리 실
    질적 보장

  - 국민참여재판 확대 등 국민의 사법참여 확대

  - 판결문 공개 범위 확대 등 국민의 사법서비스 접근성 제고

○ 반부패 개혁으로 청렴한 공직문화 조성

  - 공직자 이해충돌방지 제도 강화

  - 고위공직자의 부동산·주식 등 거래내역신고제 도입

○ 주요 공공기관 기관장 등의 임기를 대통령 임기와 일치시켜 공공기

관 경영 및 정책 추진의 일관성과 책임성 강화

○ 민생·인권친화적 제도 개선

  - 국선변호인 조력 범위의 단계적 확대

  - 한국형 디스커버리제도(증거개시제도) 도입, 피해자 진술권 강화 등 사

    법절차 공정성확대

○ 변호사의 공공성 강화

  - 별도 위원회에 변호사 징계권한 부여 및 변호사 비밀유지권 법제화

○ 방송통신위원회의 정파성 극복을 위한 방송영상미디어 관련 법제

  정비

○ 방송의 공공성 회복과 공적책무 이행으로 국민의 방송 실현

  - 공영방송의 정치적 독립성 보장을 위한 법제 정비

  - 방송의 보도·제작·편성의 자율성 보장

○ 건강하고 신뢰할 수 있는 미디어 이용환경 조성

  - 반헌법적·반사회적 콘텐츠에 대한 플랫폼 책임성 강화

  - 방송통신심의위원회의 독립성 및 정치적 중립성 강화

○ 제3기 진실화해위원회의 신속 출범

○ 학교 역사교육 강화 및 역사연구기관 운영의 정상화

■ **이행기간**

  ○ 법률 제·개정 사항은 2025년 6월부터 준비하여 단계적으로 추진

  ○ 재정사업은 2025년 추경과 2026년도 예산 수립부터 단계적으로

추진

■ 재원조달방안 등

○ 정부재정 지출구조 조정분, 2025~2030 연간 총수입증가분(전망)

등으로 충당

가계·소상공인의 활력을 증진하고, 공정경제를 실현하겠습니다.

분 야 : 경제·산업

■ 목 표

  ○ 가계와 소상공인의 활력을 제고

  ○ 공정한 경제구조 실현

■ 이행방법

  ○ 코로나 정책자금 대출에 대한 채무조정부터 탕감까지 종합방안 마련

  ○ 12·3 비상계엄으로 인한 피해 소상공인 지원방안 마련

  ○ 소상공인 금융과 경영부담 완화

    - 저금리 대환대출 등 정책자금 확대 및 키오스크 등 각종 수수료 부담

      완화

    - 건물관리비 내역 공개로 임대료 꼼수 인상 방지

- 디지털 전환 적극 추진 및 글로벌 소상공인 집중 육성

○ 소비촉진으로 소상공인·자영업자 활기 도모

- 지역사랑상품권 및 온누리상품권 발행 규모 확대

- 지역별 대표상권 및 소규모 골목상권 육성을 통한 상권르네상스 2.0
  추진

○ 공정하고 지속가능하며 실패해도 재기할 수 있는 소상공인 경제
  구축

- '소상공인 내일채움공제' 도입으로 목돈 마련 기회 제공

- 폐업지원금 현실화 및 폐업시 대출금 일시상환 유예 요건 완화

○ 소상공인·자영업자 사회안전망 확대

- 경찰청 연계 안심콜 의무화로 여성 소상공인 안전 강화

- 소상공인·자영업자 육아휴직수당 확대

- 자영업자의 '아프면 쉴 권리'를 위한 상병수당 확대

○ 가맹점주·대리점주·수탁사업자·온라인플랫폼 입점사업자 등
  협상력 강화

○ 플랫폼 중개수수료율 차별금지 및 수수료 상한제 도입으로 공정한
  배달문화 구축

○ 대환대출 활성화 및 중도상환수수료 단계적 감면 등 대출상환 부담
  완화

○ 취약계층에 대한 중금리대출 전문 인터넷은행 추진

○ 가산금리 산정 시 법적비용의 금융소비자 부당전가 방지로 원리금

상환부담 경감

○ 채무자 중심의 보호체계 구축 및 사각지대 해소

  - 장기소액연체채권 소각 등을 위한 배드뱅크 설치

  - 특별감면제·상환유예제 등 청산형 채무조정 적용 확대

○ 고품질 공공임대주택 및 공공임대 비율 단계적 확대

○ 전세사기 걱정 없는 사회, 부담없는 전월세로 서민의 주거사다리
  복원

  - 전세사기 걱정 없고 임차인에게 책임이 전가되지 않는 보증제도 개선

  - 월세 세액공제 대상자 및 대상주택 범위 확대 등 월세 부담 완화

○ 주식시장 수급여건 개선 및 유동성 확충

  - 상장기업 특성에 따른 주식시장 재편 및 주주환원 강화

  - 외국인 투자자 유입 확대를 위한 제도 정비 및 MSCI 선진국지수 편입
    적극 추진

○ 디지털자산 생태계 정비를 통한 산업육성기반 마련

○ 중소기업협동조합 등 단체협상권 부여로 제값받는 공정한 경제
  창출

○ 중소기업 복지플랫폼 예산 확대 및 중소기업 상생금융지수 도입
  추진

○ 한국형 디스커버리제도 도입 등 기술탈취 행위 강력 근절

○ 상법상 주주충실 의무 도입 등 기업지배구조 개선 통한 일반주주의
  권익 보호

○ 자본·손익거래 등을 악용한 지배주주의 사익편취 행위 근절

○ 먹튀·시세조종 근절로 공정한 시장질서 창출

■ **이행기간**

○ 법률 제·개정 사항은 2025년 6월부터 준비하여 단계적으로 추진

○ 재정사업은 2025년 추경과 2026년도 예산 수립부터 단계적으로
추진

■ **재원조달방안 등**

○ 정부재정 지출구조 조정분, 2025~2030 연간 총수입증가분(전망)
등으로 충당

세계질서 변화에 실용적으로 대처하는 외교안보 강국을 만들겠습니다.

분 야 : 외교·통상

■ 목 표

○ 튼튼한 경제안보 구축

○ 지속가능한 한반도 평화 실현

■ 이행방법

○ 국제적 통상환경 변화에 적극 대응하는 경제외교 추진

- G20, G7 등을 통한 글로벌 현안 적극 참여

- 성공적인 2025 경주 APEC 개최를 통한 외교역량 강화 및 국제위상 제고

- 경제안보 증진을 위한 주요국과의 연대 강화

○ 우리의 외교영역을 확대하고 다변화

- 신아시아 전략 및 글로벌사우스 협력 추진

- 통상·공급망·방산·인프라 등 분야에 EU 및 유럽과의 실질협력 강화

○ 통상환경 변화 대응을 위한 무역구조 혁신

- 국익을 최우선할 수 있도록 산업경쟁력 제고 및 전략적 통상정책 추진

- 수출시장·품목 다변화 추진 및 기후위기발 글로벌 환경무역 대응역량 강화

- 핵심소재·연료광물의 공급망 안정화를 위한 통상협력 강화

○ 국익과 실용의 기반 하에 주변 4국과의 외교관계 발전

○ 북한 핵 위협의 단계적 감축 및 비핵·평화체제를 향한 실질적 진전 달성

○ 한반도 군사적 긴장 완화, 평화 분위기 조성

- 한반도 비핵화 목표 아래 남북관계 복원 및 화해·협력으로의 전환 추진

- 우발적 충돌방지 및 군사적 긴장완화, 신뢰구축 조치 추진

○ 굳건한 한미동맹에 기반한 전방위적 억제능력 확보

- 한국형 탄도미사일 성능 고도화 및 한국형 미사일방어체계 고도화

- 한미동맹 기반 하 전시작전권 환수 추진

○ 국제사회에서의 공헌과 국격에 걸맞은 외교 추진

- UN 등 국제기구에서의 적극적 역할 확대, 글로벌 기후위기 대응외교 강화

- 국제개발협력 및 적극적 공공외교 추진

○ 이산가족 상봉 등 남북 인도주의협력, 교류협력 모색·추진

○ 재외국민에 대한 적극적인 지원을 통한 권익과 안전 보호

○ 주력 제조업 경쟁력 강화를 위한 '전략산업 국내생산 촉진세제' 도입

○ 수출산업 보호를 위한 무역안보 단속체계 확립

  - 국산 둔갑 우회수출, 국가 핵심기술 유출 단속 강화

  - 공급망 위기를 선제적으로 포착할 수 있는 공급망 조기경보시스템 고도화

○ 전략물자 국적선박 확보를 통한 물류 안보 실현

○ 식량안보 차원에서 쌀 등 주요농산물의 안정적 공급기반 구축

○ 어업협정 이행 강화 및 '불법 중국어선 강력 대응'을 통한 해양 주권 수호

■ 이행기간

○ 법률 제·개정 사항은 2025년 6월부터 준비하여 단계적으로 추진

○ 재정사업은 2025년 추경과 2026년도 예산 수립부터 단계적으로 추진

■ 재원조달방안 등

○ 정부재정 지출구조 조정분, 2025~2030 연간 총수입증가분(전망) 등으로 충당

국민의 생명과 안전을 지키는
나라를 만들겠습니다.

분 야 : 사법·행정·보건의료

■ **목 표**

○ 국민 생활안전 및 재난 대응 강화

○ 의료 대란 해결 및 의료 개혁 추진

■ **이행방법**

○ 범죄로부터 안전한 사회 구축

　- 흉악범죄·묻지마범죄(이상동기범죄) 예방을 위해 범죄경력자 관리 감

　　독 강화

　- 교제폭력 범죄 처벌 강화 및 피해자 보호명령제도 도입

　- 청소년 범죄 대응체계 강화

○ 민생침해 금융범죄 처벌 및 금융소비자 보호를 위한 제도 개선

추진

- 민생파괴 금융범죄에 대한 처벌 대폭 강화

- 보이스피싱·다중사기범죄 등 서민 다중피해범죄에 대한 범죄이익
  몰수

- 금융사고 책임자 엄정처벌 및 금융보안 의무위반 징벌적 과징금 부과

○ 사회적 재난에 대한 신속하고 효율적인 대응체계 구축

- 재난현장지휘권 강화로 대규모 재난 신속대응 및 부처별 협업체계
  구축

- 사회재난 발생 시 사고조사위원회 즉시 설치

- 재난안전 산업 육성 및 소방·화재 안전 장비 확충

- 산불·호우·땅꺼짐 사고를 포함한 통합 기후재난 예측·감시시스템
  도입

- 생명안전기본법 제정 추진

○ 교통사고 예방과 건설안전 환경조성으로 생활안전 체계 강화

- 보행자 안전 우선의 교통체계 구축으로 교통취약계층 우선보호

- 오토바이 전후방 번호판제 도입 및 고령운전자 운전 안전 대책 마련

- 전기차 배터리 인증제 활성화 및 전기차 화재예방·진압장비 도입
  확대

- 공유형 전동킥보드 안전관리 강화 및 효율적 이용을 위한 관련법
  제정

- 항공사고 예방을 위한 항공사·공항시설 안전관련 투자·정비 점검

강화

　　- 건설공사 발주·설계·시공·감리 등 전 과정에 대한 안전대책 강화

○ 지역·필수·공공의료 강화로 제대로 치료받을 권리 확보

　　- 필수의료에 대한 충분한 보상체계 확립 및 의료사고에 대한 국가책임
　　　강화

　　- 지역의사·지역의대·공공의료사관학교 신설로 지역·필수·공공의료 인
　　　력 확보

　　- 진료권 중심 공공의료 인프라 확충 및 국립대병원 거점병원 역할
　　　강화

　　- 응급환자 신속 이송-수용-전원체계로 응급실 뺑뺑이 문제 해결

　　- 진료권 중심 응급의료체계와 중증-응급 24시간 전문의 대응체계
　　　확립

　　- 주치의 중심 맞춤형 일차 의료체계 구축 및 방문·재택 진료 확대

　　- 의료의 질과 안전성을 고려한 비대면 진료 제도화

　　- 필수의약품 수급불안 해소와 감염병 위기 대응 인프라 구축

○ 국민참여 의료개혁으로 의료대란 해결, 건강보험의 지속가능성
　확보

　　- '국민참여형 의료개혁 공론화위원회' 로 국민이 원하는 진짜 의료개혁
　　　추진

　　- 보건의료 전문직역들의 상호협력체계 강화 및 적정인력 확보

　　- 건강보험에 대한 안정적인 국고지원 및 수가보상체계의 합리적 개편

- 대상별·질환별 특성 고려한 보장성 확대로 의료비 절감과 질병 예방

- 희귀·난치 질환 부담 완화와 소아비만·소아당뇨에 대한 국가책임 강화

■ 이행기간

○ 법률 제·개정 사항은 2025년 6월부터 준비하여 단계적으로 추진

○ 재정사업은 2025년 추경과 2026년도 예산 수립부터 단계적으로 추진

○ 건강보험 관련 사항은 사회적 논의 통해 건보재정 계획 마련

■ 재원조달방안 등

○ 정부재정 지출구조 조정분, 2025~2030 연간 총수입증가분(전망) 등으로 충당. 건강보험 재정 관련 사항은 별도 논의 필요

세종 행정수도와 '5극 3특' 추진으로 국토균형발전을 이루겠습니다.

분 야 : 행정·경제·산업

■ 목 표

○ 세종 행정수도 완성

○ 5극(5대 초광역권: 수도권, 동남권, 대경권, 중부권, 호남권), 3특(3대 특별

자치도(제주,강원,전북)) 추진

■ 이행방법

○ 세종 행정수도 완성 추진

  - 국회 세종의사당과 대통령 세종 집무실 임기 내 건립

○ 이전 공공기관 정주여건 개선 및 제2차 공공기관 지방이전 추진

○ 5극, 3특 중심 균형발전 기반 마련

  - 5대 초광역권(수도권, 동남권, 대경권, 중부권, 호남권)별 특별지방자치단

체 구성

및 권역별 광역급행철도 건설

   - 3대 특별자치도(제주, 강원, 전북)의 자치권한 및 경쟁력 강화 위한 특별

     법 개정

○ 자치분권 강화와 지방재정 확충

   - 균형발전을 위한 국가자치분권회의 신설 추진

   - 지방교부세 확대, 자체세원 발굴 등으로 지방재정 확충

○ 지역소멸을 방지하기 위한 지역 주도 행정체계 개편 추진

   - 행정체계 개편을 위한 범부처 통합 TF구성 및 로드맵 마련

   - 주민의사를 반영한 지자체 통합방안 마련

○ 지역대표 전략산업 육성과 지역투자 촉진으로 지역경제 활력 촉진

   - 혁신도시·경제자유구역·국가/지방산단 연계한 경쟁력 있는 지역대표

     전략산업 육성

   - 위기산업 구조개혁으로 지역균형 발전 추진 및 지역산업 생태계 안정

     도모

○ 수도권 중심의 대학 서열화 완화를 통한 국가 균형발전 달성

   - '서울대 10개 만들기'로 지역 거점국립대에 대한 전략적 투자와 체계

     적 육성 추진

   - 지역과 함께 성장하고 국립대와 사립대가 동반성장하는 RISE 체계를

     구축

○ 지역사랑상품권 발행 의무화를 통해 지역경제를 살리고 균형발전 달성

○ '잘사니즘'의 실현, 관광산업으로 지역경제 활성화

  - 국민휴가 지원 3종 세트(근로자 휴가지원제, 지역사랑 휴가지원제, 숏컷 여행)를 통해 근로자 휴가지원제도를 대폭 확대해 지역관광 활성화

  - 지자체·기업 매칭의 워케이션 관광 활성화 및 지역특화 관광자원 개발

○ 사람이 돌아오는 지속가능한 농산어촌

  - 주거여건 개선, 빈집 정비, 세컨드 하우스 확산 및 귀농·귀촌 지원 강화

  - 신규인력 진입지원 확대 통해 미래 청년농업·어업·임업 인재 육성

○ 철도지하화 대상 구간 차질없는 추진 위한 종합계획 수립 및 단계적 시행

○ 지역·중소방송사의 지역밀착형 콘텐츠 제작 지원 및 확대 등 활성화 적극 지원

○ 재난현장 일선에서 희생하는 이·통장 특별활동비 신설

■ 이행기간

○ 법률 제정 및 개정 사항은 2025년 6월부터 준비하여 단계적으로 추진

○ 재정사업은 2025년 추경과 2026년도 예산 수립부터 단계적으로 추진

■ 재원조달방안 등

○ 정부재정 지출구조 조정분, 2025~2030 연간 총수입증가분(전망)

  등으로 충당

노동이 존중받고
모든 사람의 권리가 보장되는
사회를 만들겠습니다.

분 야 : 교육·경제·복지

■ **목 표**

○ 노동 존중, 일하는 사람들의 권리 존중 사회 실현

■ **이행방법**

○ 자영업자, 특수고용 및 플랫폼 노동자 등 일하는 모든 사람들의 일
터 권리 보장, 일한 만큼 보상받는 공정한 노·동환경 조성

  - 일하는 사람 권리 보장을 위한 법제도 개선, 미조직 취약계층 이해 대
변 강화

  - 「노동조합법」 2·3조 개정으로 하청노동자 등의 교섭권 보장

○ 포괄임금제 금지 등 「근로기준법」에 명문화

○ 동일노동 동일임금 기준지표 마련을 위한 임금분포제 도입

○ 산업·업종·지역단위 단체교섭협약 활성화로 저임금노동자들의 기본 노동조건 보장

  - 국가·지자체, 공공기관 등 공공부문이 모범적 사용자로서 노동관계법 준수 및 산업·업종 단체교섭협약모델 구축 추진

○ 직장 내 민주주의, 노사자율 강화 실현

  - 근로자(노동자)의 과반수를 대표하는 근로자(노동자) 대표의 선출·임기·역할·법적 보호 등 제도적 기반 마련

○ '업무상 재해위험이 높은 자영업자'까지 산재보험 제도 도입

○ '일하다 다치거나 죽지 않게' 노동안전보건체계 구축

  - 하청노동자 보호를 위한 원·하청 통합 안전보건관리체계 구축

○ 일하는 여성이 일하기 좋은 사회 조성

  - 고용평등 임금공시제 도입 및 공공기관 성별 평등지표 적극 반영

○ 주4.5일 도입·확산 등으로 2030년까지 OECD 평균 이하로 노동시간 감축

  - 범정부 차원 주 4.5일제 실시 지원 및 실노동시간 단축 로드맵 제시

○ 공무원 처우개선 및 공직문화 개선

  - 저연차 공무원의 보수 지속적 인상, 경찰·소방·재난담당 공무원 위험근무수당 인상

  - '간부 모시는 날', 불합리한 업무 지시 등 잘못된 공직관행 혁신

○ 문화예술인 창작권 보장을 위한 권리 강화 및 정부의 문화예술인 창작권 침해 금지

○ 권리보장 강화로 장애인 사회참여 실현

  - 체계적 장애인 권리보장 기반 마련을 위한 '장애인권리보장법' 제정

  - 장애인 등 교통약자를 위한 교통수단 확대 및 단계적 발전 계획 마련 등

■ **이행기간**

  ○ 법률 등 제·개정 사항은 2025년 6월부터 준비하여 단계적 추진

  ○ 재정사업은 2025년 제2회추경안, 2026년도 예산안 편성부터 단

    계적 추진

■ **재원조달방안 등**

  ○ 정부재정 지출구조 조정분, 2025~2030 연간 총수입증가분(전망)

    등으로 충당

생활안정으로 아동·청년·어르신 등 모두가 잘사는 나라를 만들겠습니다.

분 야 : 경제·복지

■ **목 표**

○ 생활안정과 생활비절감 추진

○ 빈틈없이 기본이 보장되는 사회 추진

■ **이행방법**

○ 생애주기별 소득보장체계 구축

  - 아동수당 지급 대상을 18세까지 점진적 상향

  - 일하는 모든 취업자로 육아휴직 단계적 확대

  - 국민연금 사각지대 해소 및 연금개혁 지속 추진

○ 온 사회가 다 같이 돌보는 돌봄기본사회 추진

  - 영유아 교육·보육비 지원 확대 및 온동네 초등돌봄체계 구축

  - 간병비 부담완화와 간호·간병 통합병동 확대 추진

- 지속 가능한 지역사회 통합 돌봄체계 구축

○ 근로장려금(EITC)과 자녀장려금(CTC)의 대상 및 지급액 확대

○ 주거·통신 등 필수적인 생활비 부담 절감

- 월세 세액공제 대상자·대상주택 확대 및 통신비 세액공제 신설

○ 청년·국민·어르신 패스 3종 도입으로 국민 교통비 절감

○ 국가책임 공교육으로 사교육비 부담 경감

- 기초학력 학습안전망 지원 확대 및 자기주도학습센터 운영

○ 대학생 등록금 부담 완화 및 청년주거 환경 개선

○ 생애주기 문화패스 신설·확대 등 국민 문화향유권 확대

○ 선진국형 농가소득 및 농업재해안전망 도입

- 농산물 가격 안정적 관리 및 농어업재해 국가책임 강화

- 양곡관리법 개정 등을 통한 쌀값 정상화 및 공익직불금 확대

- 농업인 퇴직연금제 도입 및 농지이양 은퇴직불금·공공비축농지 확대

○ 어민 소득증대 통한 어촌소멸 대응

- 탄소중립 활동 참여 어촌마을 안정적인 소득기반 마련

- 수산식품기업바우처 수산선도조직 육성사업 지원 확대

○ 국가유공자 예우 강화 및 보훈문화 확산

- 저소득 보훈대상자에 대한 지원체계 강화 및 사각지대 없는 보훈의료

체계 구축

- 조국 수호를 위해 희생한 시간에 대한 정당한 보상

○ 문화예술인 사회보험보장 확대 및 복합지원공간 확충

○ 청년의 기회와 복지 확대

  - '청년미래적금' 도입 등 청년자산형성 지원

  - 취업 후 상환 학자금 대출 소득요건 완화, 의무상환 전 이자면제 대상

    확대

  - 군복무 경력 호봉 반영, 구직활동지원금 확대 등 청년의 일할 권리와

    기회강화

  - 청년 맞춤형 공공분양 및 월세지원 확대 등 청년 주거지원 강화

  - 국민연금 군복무 크레딧 확대 등 청년생활안전망 구축

  - 글로벌 기업이 운영 중인 '채용연계형 직업교육 프로그램' 확산·지원

○ 1인가구·청년을 위한 정책 확대

  - 직장과 주거시설이 근접한 주거복합플랫폼주택 조성 및 맞춤형 주거

    설계지원 사업 추진

○ 한부모가족의 복지급여 확대 등 안정적인 생활환경 지원 강화

○ 서민들의 편의를 위한 교통물류 환경 개선

  - 교통물류환경종사자 근로여건 개선방안 마련

  - 생활물류, 고속철도, 항공 등 국민편익 향상 방안 마련

○ 청년·근로자 천원의 아침밥 및 농식품바우처 확대 등 먹거리 돌봄

  강화

○ 사람과 동물이 더불어 행복한 사회 조성

  - 반려동물 양육비 부담 완화 및 의료 서비스 강화

  - 동물 학대자의 동물 소유권 및 사육권 제한

■ 이행기간

○ 법률 제·개정 사항은 2025년 6월부터 준비하여 단계적으로 추진

○ 재정사업은 2025년 추경과 2026년도 예산 수립부터 단계적으로
추진

■ 재원조달방안 등

○ 정부재정 지출구조 조정분, 2025~2030 연간 총수입증가분(전망)
등으로 충당

저출생·고령화 위기를 극복하고
아이부터 어르신까지
함께 돌보는 국가를 만들겠습니다.

분 야 : 교육·복지

■ 목 표

○ 저출생·고령화 해소 및 돌봄체계 구축

■ 이행방법

○ 저출생 대책 혁신 및 자녀양육 지원 확대

- 자녀 수에 비례한 신용카드 소득공제율·공제 한도 상향 추진

- 초등학생 예체능학원·체육시설 이용료를 교육비 세액공제 대상에 추가

- '우리아이자립펀드' 단계적 도입 및 신혼부부 결혼출산지원 확대

- 신혼부부 공공임대주택 공급 확대

- 난임부부 치료지원 강화

○ 아이 키우기 좋은 나라를 위한 돌봄·교육, 일·가정 양립 지원 강화

- 공공 아이돌봄 서비스 지원 강화

- 지자체 협력형 초등돌봄 추진

- 초등학교 방과후학교 수업료 지원 확대

- 교육·보육의 질을 높이는 정부 책임형 유보 통합 추진

○ 발달장애인 24시간 돌봄 등 장애인 맞춤형 지역돌봄체계 구축

○ 생애주기별 외로움(고독) 대응 정책 개발·추진

○ 고령사회 대응을 위한 통합적 지원체계 마련

- 치매·장애 등으로 재산 관리가 어려운 노인을 위한 공공신탁제도 도입

- 어르신 주거 문제 해결을 위한 고령자 친화 주택·은퇴자 도시 조성

- 간호·간병 통합서비스 확대 및 요양병원 간병비 건강보험 적용

- 노인 등이 집에서 의료·돌봄서비스를 받는 지역사회 통합 돌봄체계
  구축

○ 지속 가능한 노후 소득 보장 체계 구축

- 국민연금 수급 연령에 맞춘 정년 연장, 사회적 합의를 통해 단계적
  추진

- 주택연금 제도개선 등을 통해 노후 소득 보장을 위한 지원강화

■ 이행기간

○ 법률 제·개정 사항은 2025년 6월부터 준비하여 단계적으로 추진

○ 재정사업은 2025년 추경과 2026년도 예산 수립부터 단계적으로
  추진

■ **재원조달방안 등**

○ 정부재정 지출구조 조정분, 2025~2030 연간 총수입증가분(전망)

  등으로 충당

미래세대를 위해
기후위기에 적극 대응하겠습니다.

분 야 : 환경·산업

■ **목 표**

○ 기후위기 대응 및 산업구조의 탈탄소 전환

■ **이행방법**

○ 선진국으로서의 책임에 걸맞는 온실가스 감축목표 수립

  - 2030년 온실가스 감축 목표 달성 추진과 과학적 근거에 따른 2035년 이후 감축 로드맵 수립

  - 헌법불합치 결정 취지를 감안하여 책임있는 중간목표를 담은 탄소중립기본법 개정

  - 2028년 제33차 기후변화협약 당사국총회(COP33) 유치

○ 재생에너지 중심의 에너지전환 가속화

- 2040년까지 석탄화력발전 폐쇄

- 햇빛·바람 연금 확대, 농가태양광 설치로 주민소득 증대 및 에너지 자립 실현

- 태양광 이격거리 규제 및 재생에너지 직접구매(PPA) 개선

○ 경제성장의 대동맥, 에너지고속도로 구축

- 2030년까지 서해안, 2040년까지 한반도 에너지고속도로 건설 추진

- 분산형 재생에너지 발전원을 효율적으로 연결·운영하는 '지능형 전력망' 구축

- '에너지산업 육성' 및 공급망 내재화를 통한 차세대 성장동력 마련

○ 탄소중립 산업전환으로 경제와 환경의 조화로운 발전 도모

- 태양광·풍력·전기차·배터리·수전해·히트펌프 등 탄소중립산업의 국산화 및 수출경쟁력 제고

- RE100 산업단지 조성으로 수출기업의 기후통상 대응역량 지원

- 철강·석유화학·시멘트 등 탄소다배출 업종의 저탄소 공정 및 기술혁신 지속 추진, 기업 탈탄소 전환 지원책 마련

- 기후테크 R&D 예산 확대, 탄소중립 신산업·신기술 발굴로 탄소중립 역량 강화

○ 건축물·열 부문 탈탄소화

- 민간·공공 그린리모델링 지원 확대 및 절차 간소화를 통한 노후건물 에너지효율화

○ 전기차 보급 확대 및 노후경유차 조기 대·폐차 지원을 통한 수송부문 탈탄소 가속화

○ 영농형태양광 적극 보급, 친환경유기농업 확대 및 지속가능한 축산업으로 농업 탄소배출량 저감 추진

○ 탈플라스틱 국가 로드맵 수립 및 바이오플라스틱 산업 육성 지원

○ 한반도 생물 다양성 복원

  - 산불 발생 지역 생물다양성 복원 추진

  - 육지와 해양의 생물다양성보호구역 단계적 확대

○ 4대강 재자연화(Rewilding)와 수질개선 추진

○ 탄소포인트제 등 국민의 탄소 감축 실천에 대한 인센티브 강화

○ 정의로운 전환을 위한 실현 방안 마련

  - 배출권거래제 유상할당 비중 확대 등 기후대응기금 확충

  - 정의로운 전환 특구 지정 및 고용전환과 신산업 역량 개발 지원

○ 2028년 제4차 UN해양총회 유치

■ **이행기간**

○ 법률 제·개정 사항은 2025년 6월부터 준비하여 단계적으로 추진

○ 재정사업은 2025년 추경과 2026년도 예산 수립부터 단계적으로 추진

■ **재원조달방안 등**

○ 정부재정 지출구조 조정분, 2025~2030 연간 총수입증가분(전망)
등으로 충당

찾아보기

대한민국을 재설계하는 신주류
이재명 사람들

제1판 1쇄 인쇄 l 2025년 5월 29일
제1판 1쇄 발행 l 2025년 6월 4일

지은이 l 한국경제신문 정치부
펴낸이 l 하영춘
펴낸곳 l 한국경제신문 한경BP
출판본부장 l 이선정
편집주간 l 김동욱
책임편집 l 윤효진
저작권 l 박정현
홍 보 l 서은실·이여진
마케팅 l 김규형·박도현
디자인 l 이승욱·권석중

주 소 l 서울특별시 중구 청파로 463
기획출판팀 l 02-3604-556, 584
영업마케팅팀 l 02-3604-595, 562   FAX l 02-3604-599
H l http://bp.hankyung.com   E l bp@hankyung.com
F l www.facebook.com/hankyungbp
등 록 l 제 2-315(1967. 5. 15)

ISBN 978-89-475-0169-9 03340